Impressum

Unterm Stein. Lauterner Schriften, Bd. 20
Literarische Vielfalt in Ostwürttemberg.
Autoren aus Steinheim und Söhnstetten

Erste Auflage März 2016

Herausgeber
Stiftung Literaturforschung in Ostwürttemberg © 2016
Verlag und Vertrieb
Einhorn-Verlag+Druck GmbH, Schwäbisch Gmünd
Druck
Bahnmayer GmbH - druck & repro, Schwäbisch Gmünd
Gestaltung
Volker Wieland, Heubach-Lautern

Alle Rechte, insbesondere das Recht der Vervielfältigung,
Verbreitung und Übersetzung, vorbehalten. Kein Teil der Werkes
darf in irgendeiner Form ohne schriftliche Genehmigung verwendet,
reproduziert oder unter Verwendung elektronischer Systeme
verarbeitet, vervielfältigt oder verbreitet werden.

ISBN 978-3-95747-023-2
www.einhornverlag.de
Printed in Germany

Autoren aus Steinheim und Söhnstetten

Literarische Vielfalt in Ostwürttemberg

2016

Inhalt

Vorwort

Autoren aus früherer Zeit

9	Franz Gottschick	Werner K. Mayer
17	Philipp Friedrich Hiller	Adalbert Feiler
31	Friedrich Heinrich Kern	Walter Starzmann
36	Gottlob Christian Kern	Walter Starzmann
41	Johann Christoph Friedrich Krauß	Diether Gräf
51	Winfried Reiff	Dieter Eisele
	Elmar P.J. Heizmann	Dieter Eisele
53	Johannes Schlayß	Martin Kreder
61	Sofonias Theuß	Adalbert Feiler/Florian Jessensky
72	Heinz Vonhoff	Christiane Vonhoff/Dietrich Vonhoff
83	Rudolf Weit	Dieter Eisele

Autoren aus jüngerer Zeit

94	Gerhard Banzhaf	SAOW
94	Helmut Bentz	SAOW
96	Robert Dürr	Max Riehle
97	Gerhard Fiur	SAOW
99	Konrad Gottschick	SAOW
101	Rita Greß	SAOW
101	Thomas Hardtmuth	SAOW
103	Michael Heidler	SAOW
104	Matthias Ihden	SAOW
104	Ernst-Ulrich Jaeger	SAOW
105	Gabriele Junginger	SAOW
106	Walter Junginger	SAOW
107	Josef Käßmann	SAOW
108	Eugen Kieffer	Dieter Eisele

110	Klaus-Dieter Kirschner	SAOW
111	Frieda Klopfer	SAOW
112	Eva Loessin-Kühn	SAOW
115	Otto Müller	Ulrich Herrmann
117	Karlheinz Oesterle	SAOW
120	Andreas Pfaff	Dieter Eisele
120	Maria Tobler	Dieter Eisele
121	Maria Welsch	Dieter Eisele
121	Karl Richter	SAOW
122	Karl Sanwald	Dieter Eisele
125	Michael Schürle	SAOW
126	Helmar Seidel	SAOW
128	Hermann Steinmaier	SAOW
129	Richard Wannenwetsch	SAOW

Weitere Autoren

130	Maria Bahmer	SAOW
130	Albrecht Briz	SAOW
130	Ferdinand Fastner	SAOW
131	Heinz Krause	SAOW
132	Klaus-Peter Höppner	Dieter Eisele
132	Albrecht Ritz	SAOW

134	Am Buch beteiligte Autoren
141	Bildnachweis
	Dank

SAOW: Text Schriftgut-Archiv Ostwürttemberg

Vorwort

Vor über 40 Jahren gründete ich das Schriftgut-Archiv Ostwürttemberg. Einer der ersten Autoren, die ich erfasste, war Philipp Friedrich Hiller. Mehrmals konnte ich sein *Geistliches Liederkästlein* erwerben. Ich war immer wieder neu beeindruckt.
Bald durfte ich feststellen, dass Steinheim nicht nur den Autor Hiller hat. Steinheim und Söhnstetten hatten in der Vergangenheit – und haben heute noch – eine bemerkenswerte Dichte an Autoren. Einige davon sind weit über Ostwürttemberg hinaus bekannt.
Diese Besonderheit war für den Vorstand und den Stiftungsrat der Stiftung Literaturforschung in Ostwürttemberg Anlass, mit diesem Band die Autoren aus Steinheim und Söhnstetten zu würdigen und sie erneut im Bewusstsein der Region zu verankern.

Reiner Wieland

Geburtshaus von Franz Gottschick in Zang, Foto: F. Hund

Werner K. Mayer

Franz Gottschick 1865–1927

Ein Förster schreibt mit an der Entwicklungsgeschichte

Im Jahr 1865, als Franz Hilgendorf mit Hilfe einer Förderung der Preußischen Akademie der Wissenschaften im Steinheimer Becken über die vielgestaltigen Süßwasserschnecken, die sogenannten Planorben, forschte, erblickte am 14. August in Zang auf dem Albuch Franz Gottschick das Licht der Welt.

Der Vater kam 1860 nach Zang, wo er als königlich-württembergischer Revierförster am 29. Mai 1860 Mathilde Dietlen heiratete. Das Paar bekam fünf Kinder, von denen jedoch zwei früh verstarben. Franz war das dritte Kind des königlich-württembergischen Oberförsters Theodor Gottschick.

Schon während seiner Kindheit dürfte ihn sein Vater mit den vielgestaltigen erd- und landschaftsgeschichtlichen Besonderheiten des Albuchs bekannt gemacht haben[1], zumal Theodor Gottschick vor allem als einer der wenigen Kenner der an Holz wachsenden Porlinge, Rinden- und Gallertpilze galt.[2]

Der Sohn Franz sollte eigentlich Pfarrer werden. Nachdem er die Klosterschulen in Maulbronn und Blaubeuren besucht hatte, sollte er in Tübingen Theologie studieren. Er betrat jedoch das Tübinger Stift gar nicht, so dass er dort nach vierzehn Tagen als vermisst gemeldet werden musste. Stattdessen führte ihn sein Weg zum Studium der Forstwissenschaften und der Geologie nach Tübingen und München.[3]

Nach einer gründlichen Ausbildung wurde ihm 1902 die Oberförsterei Steinheim/Albuch übertragen. Über 20 Jahre stand er diesem Forstamt vor, ehe er 1923 zum Forstamt Einsiedel mit dem Wohnsitz in Tübingen übersiedelte.

Weit über seine Amtspflichten hinaus fühlte sich Gottschick aber zunächst seinem heimatlichen Wirkungskreis verbunden. Bald schon galt er als vortrefflicher Kenner der erd- und lebensgeschichtlichen Besonderheiten des Steinheimer Beckens. Sein reiches Wissen hat er 1911 mit ersten Ergebnissen in einer Veröffentlichung »Aus dem Tertiärbecken von Steinheim a. A.« niedergelegt. Seine Forschungen galten besonders den heimischen Süßwasser- und Landschnecken. 1916 schrieb er zusammen mit dem Frankfurter Zoologen und Malakologen[4] Wilhelm Wenz über »Die Silvanaschichten von Hohenmemmingen und ihre Fauna«. Im Laufe seiner Forschungen schrieb er weitere 12 Veröffentlichungen, die in Fachzeitschriften abgedruckt wurden.

Die Erforschung des Steinheimer Beckens

Um die Beweggründe für Gottschicks Forschungen verstehen zu können, muss erwähnt werden, dass der schon genannte Franz Hilgendorf versuchte, einen faktischen Beweis für Charles Darwins Evolutionstheorie zu finden. Darwin hatte durch sein berühmtes Buch *Über die Entstehung der Arten durch natürliche Zuchtwahl* Ende 1859 für weltweites Aufsehen gesorgt.
Hilgendorf hatte in Berlin Naturwissenschaften studiert und seine Studien 1862 in Tübingen als Doktorand bei Friedrich August Quenstedt fortgesetzt.[5]
1866 schrieb Quenstedt, auf eine Exkursion nach Steinheim a. Albuch zurückblickend:»... auf einer gemeinschaftlichen Excursion im Herbst 1862 ... machte ... Herr Dr. Hilgendorf mir an einer günstigen Stelle die scharfsinnige Bemerkung ..., dass die vielgestaltigen Valvaten[6] nicht bunt durch einander liegen, sondern eine gewisse Ordnung inne halten: die flachen beginnen unten, und nach oben entwickeln sich allmählig die höher gewundenen.«[7]
Hilgendorf war von seiner Entdeckung fasziniert. Sie trieb ihn zu wochenlangen Geländeuntersuchungen. Er sammelte die vielgestaltigen Schnecken schichtweise und verglich sie mit den Aufschlüssen innerhalb des Steinheimer Beckens. Quenstedt war beeindruckt. »Hr. Hilgendorf verfolgte diese bisher nicht hervorgehobene Thatsache mit einem Eifer und einer Ausdauer, denen ein Erfolg nicht fehlen kann.«[8]
Bald danach hatte er seine Ergebnisse niedergeschrieben, bei der Philosophischen Fakultät in Tübingen eingereicht und empfing den Grad eines Doktors der Philosophie.
Er war seinerzeit also der Erste, der nachweisen konnte, wie sich bei Fossilien die Merkmale von Schicht zu Schicht, also mit dem Ablauf der Zeit, ganz allmählich ändern.
Durch einen erneuten, zweimonatigen Geländeaufenthalt 1865 konnte

Hilgendorf 1866 bei der Preußischen Akademie der Wissenschaften seine Arbeit »Über Planorbis multiformis im Steinheimer Süßwasserkalk« einreichen. Seine Veröffentlichung führte zu zwiespältigen Reaktionen. Es gab Anhänger und Gegner, die den Merkmalswandel anders deuteten.

Als Forstmeister ständig vor Ort

Durch seine Tätigkeit als Forstmeister war Franz Gottschick wie kein anderer zur ständigen Überwachung der bekannten und zum Auffinden neuer Fundpunkte befähigt. Die Auswertung seiner Aufsammlungen erfolgte zum Teil in enger Zusammenarbeit mit Wilhelm Wenz.
In jahrelanger Sammeltätigkeit führte Franz Gottschick die Erforschung der Steinheimer Schnecken fort und beschrieb erstmals ausführlich die in den Seeablagerungen überlieferten Wasser- und Landschnecken. Gottschicks bleibendes Verdienst besteht vor allem auch in seiner genauen Beschreibung der nicht zu den Tellerschnecken gehörenden Arten.
Neben den 19 im Stammbaum aufgereihten Planorbiden fand er noch weitere 16 Wasser- und 55 Landschneckenarten.[9]
Seine Aufsammlungen waren die bisher vollständigste Zusammenstellung der Gastropoden des tertiären Sees. Sie bestätigten die in Hilgendorfs Schneckenstammbaum dargestellte Abfolge der Tellerschnecken. Im Unterschied zu Hilgendorf, der die Gestaltveränderungen als evolutiv, also vererbbar, wertete, deutete sie Gottschick als Modifikationen oder Anpassungen, die auf den Einfluss heißer Quellen innerhalb des Seegefüges zurückzuführen seien. Er ist »geneigt, die erstaunlichen Umbildungen der Steinheimer Schnecken vorwiegend auf physiologische Wirkungen der mehrmals sich ändernden Thermalwasserverhältnisse zurückzuführen«.
Wenz stimmte dem im Wesentlichen zu. Er fühlte sich jedoch hinsichtlich des schichtabhängigen, zeitgebundenen Gestaltwandels, »mehr und mehr zu der Annahme gedrängt, daß der ganze Vorgang lediglich eine weitgehende Reaktion auf abnorme äußere Bedingungen darstellt, und daß diese Reaktionsformen unter normalen Bedingungen wieder zur ursprünglichen Form zurückkehren«. Die Umbildung der Gehäuse scheint ihm durch den in einem solch abflusslosen See wechselnden Chemismus des Wassers verursacht und nicht gleich Franz Gottschick unabdingbar unter dem Einfluss heißer Quellen zu stehen.

Dies war über lange Zeiten die gängige und anerkannte Meinung: Nicht Entwicklung der Formen, vielmehr Änderung der Umwelt spiegelt sich in der sich wandelnden Gehäusegestalt der Schnecken wider. Die Annahme der Existenz heißer Quellen, die zu bestimmten Zeiten den See erwärmt haben sollen, beruhte auf der seinerzeitigen Vorstellung einer vulkanischen Entstehung des Steinheimer Beckens. Die späteren Forschungen kamen zu einem anderen Ergebnis.

Meißel- und Kernbohrungen im Jahre 1964 sowie geophysikalische Messungen und letztlich eine 603 m tiefe Bohrung im Jahre 1970 erbrachten den Beweis für die Entstehung des Steinheimer Beckens durch einen Steinmeteoriten. Es wird heute zweifelsfrei als Relikt eines Kraters bezeichnet, der im Tertiär, vor rund 15 Millionen Jahren durch den Einschlag (Impakt) eines kosmischen Körpers entstanden ist.[10]

Die von Hans Mensinck in den Jahren nach 1960 durch exakte Vermessung unzähliger Gehäuse aus vielen Fundschichten ausgewerteten Proben lieferten neue Argumente für eine evolutive, also vererbbare Veränderung der Schneckengehäuse. Sie bestätigten im Grundsatz die Beobachtungen Hilgendorfs.

Gottschicks wissenschaftlich wertvolle Aufsammlungen wurden der Nachwelt erhalten.
Im Rahmen seiner Arbeiten stellte Gottschick eine Vielzahl ausgewählter Belege als Tafeln zusammen, »auf der die verschiedenen Formen des multiformis genau nach den einzelnen Schichten, in denen sie vorkommen, aufgeklebt sind«. Diese Darstellung der Planorben der Hauptreihe und zweier Nebenreihen übergab er samt einer umfänglichen, auch Steinheimer Süßwasserschnecken anderer Gattungen einschließenden, erläuternden Abhandlung dem Phyletischen Museum in Jena zur Verwahrung. Von Ernst Haeckel begründet, war es laut der 1907 in den Grundstein eingemauerten Urkunde, geschaffen, um »den Ausbau und die Verbreitung der Entwickelungslehre, insbesondere der Stammesgeschichte oder Phylogenie sowie der Morphologie und Anthropologie zu fördern«.
Für diese der Universität Jena eigenen Institution war das Geschenk Franz Gottschicks eine gewiss erwünschte und wertvolle Bereicherung ihrer Bestände. Ludwig Plate, der Amtsnachfolger Ernst Haeckels, hob in seinen Dankesworten hervor, dass es »geradezu zu deszendenztheoretischen Betrachtungen herausfordert«.

Weitere Sammlungsteile erhielten nach seinem Tode das Geologische Institut der Universität in Tübingen und die heutigen Staatlichen Sammlungen für Naturkunde in Stuttgart. Ein von ihm selbst montierter Kasten seiner vielgestaltigen Tellerschneckensammlung ist im Meteorkratermuseum in Steinheim ausgestellt. Mit seinen Forschungen hat sich Gottschick in der Wissenschaftsgeschichte einen Namen gemacht. Im Museum in Steinheim ist er daher gebührend erwähnt.

Franz Gottschick mit seiner Frau Hildegard, geb. Bürklin

»Im Jahre 1923 wurde Gottschick das Forstamt Einsiedel mit dem Wohnsitz in Tübingen übertragen. Ein lang ersehnter Wunsch hatte sich erfüllt, da hierdurch für seine beiden Kinder alle Bildungsmöglichkeiten erschlossen waren.
Leider sollte er sich nicht lange dieser Veränderung erfreuen. Hatte schon das ungewöhnlich rauhe Steinheimer Klima seine früher felsenfeste Gesundheit untergraben, so brachte ihm das günstigere Tübingens keine dauernde Genesung. Wohl gelang es, die letzten Rückstände einer Lungenentzündung im Höhenklima südlicher Sonnenstrahlung auszuheilen, doch hatte diese Kur ein bereits vorhandenes Herzleiden verschlimmert, dem er wenige Monate nach seiner Rückkehr erlag.«[11]

Es zeugt von seiner bescheidenen Art, dass er eine ehrenvolle Berufung an die forstliche zentrale Verwaltungsstelle ausgeschlagen hatte. Sie konnte ihn, der sich aufs Engste mit der Natur verbunden fühlte, nicht locken. Wichtiger schien es ihm, seinen Neigungen treu zu bleiben. Er war ein häufiger Gast in den Kolloquien des Geologischen Instituts, wo er auch über seine eigenen Forschungen berichten konnte.

Am 18. September 1927 verschied Forstmeister Franz Gottschick nach schwerem Leiden in Tübingen.

»Wir aber«, schrieb sein Fachgenosse Wilhelm Wenz in einem Nachruf, »die wir ihm näherstanden empfinden doppelt schmerzlich den Verlust dieses Mannes von geradem, offenem Charakter, von unbestechlichem Urteil, verbunden mit persönlicher Liebenswürdigkeit, eines Mannes, dessen bescheidener, schlichter Sinn nur darauf gerichtet war, unbekümmert um den Ruhm des eigenen Namens, der Wissenschaft um ihrer selbst willen zu dienen.«

Anmerkungen

1 Theodor Gottschick war später bis zu seiner Pensionierung 1880 Oberförster in Königsbronn.
2 Theodor Gottschick (1823-1909) war der Sohn eines Lateinlehrers in Markgröningen bei Ludwigsburg. Nach seiner Pensionierung sah er es als seine Hauptaufgabe an, die Moose und Pilze der Umgebung von Lorch zu bestimmen und an Hand von Aquarellen zu dokumentieren. So kamen bis zu seinem Tode mehr als 2300 Bildtafeln zusammen.
3 Krieglsteiner, German J.: Über Theodor Gottschick, in: Schwäbische Heimat, 2002, S. 457
4 Malakologe: Wissenschaftler, der sich mit der Malakologie, einem Zweig der Weichtierkunde, befasst
5 Er war der letzte Doktorand der Geologie u. Paläontologie in der Tübinger Philosophischen Fakultät, der bis 1863 auch die naturwissenschaftlichen Fächer angehörten. Seit 1863 bilden sie eine eigenständige Fakultät.
6 Die tertiären Steinheimer Schnecken wurden lange teils der Gattung Valvata, teils der Gattung Planorbis zugeordnet. Nach heutiger Auffassung gehören sie zu der mit Planorbis verwandten Gattung Gyraulus.
7 Ziegler, Bernhard: Der schwäbische Lindwurm, Konrad Theiss Verlag, Stuttgart 1986, S. 80
8 ebd.
9 Text aus der Beschreibung im Steinheimer Meteorkratermuseum
10 Heizmann, Elmar P. und Reiff, Winfried: Der Steinheimer Meteorkrater, Dr. Friedrich Pfeil Verlag, München 2002
11 Wenz, Wilhelm (1928): Franz Gottschick † Archiv für Molluskenkunde, S. 20-24

Nach einem Oelgemä[lde]

M. Philipp Friedrich Hiller,
geboren den 6. Januar 1699,
gestorben den 24. April 1769.

Adalbert Feiler

Philipp Friedrich Hiller 1699-1769

Pfarrer in Steinheim (1748 bis 1769)

Wichtige Lebensstationen

Hillers Eltern kamen beide aus der Pfarrer-Tradition. Philipp Friedrich Hiller wurde in Mühlhausen an der Enz 1699 geboren. Sein Vater verstarb 1701. Die Mutter zog mit dem Knaben zu den Großeltern nach Glattbach. Am 24. November 1705 heiratete sie den Vaihinger Bürgermeister Philipp Friedrich Weiss, der dem kleinen Philipp Friedrich eine solide Bildung zukommen ließ. Im Jahre 1720, »als ich magistrieren sollte, starb mir mein Stiefvater, da ich dessen Hülfe am nötigsten hatte«.
»1707«, so schreibt Hiller[1], »kam ich in der damaligen Flucht vor den Franzosen bis nach Heidenheim.« Dort, an der Brenz, scheint das vorgefallen zu sein, was Hiller in der ersten Zueignung des »Paradiesgärtleins« schildert:

> Dann bin ich fast ersoffen
> Du zogst mich aus dem Tod; ach mache mich getreu,
> Daß ich wie Moses war, in deinem Hause sey.

Am 17. November 1713 beginnt Johann Albrecht Bengel[2] in Denkendorf seine Lehrtätigkeit und wird gleichzeitig Philipp Friedrich Hillers Lehrer. Bengel erkennt Hillers dichterische Begabung und fördert diese. Seine Musikalität fällt auf, und so schreibt Hiller: »...in meinen Klosterjahren hat Gott ... es abgewendet, dass ich nicht wegen meiner tauglichen Stimme von dem Studieren ab und zur Hofmusik gezogen worden bin.« Hiller stützt sich bei seinen theologischen Arbeiten immer wieder auch auf Bengel, insbesondere auf dessen *Gnomon*, Bengels exegetisches Hauptwerk zum Neuen Testament – »ein Wegweiser zum Verstehen des griechischen Textes«.

Im Studium zu Tübingen begegneten sich wohl Hiller und Oetinger, der auch die theologischen Alterswerke Hillers zur Kenntnis nahm. Während seiner Nürnberger Zeit beschäftigt Hiller sich mit der Gebetsammlung, dem *Paradiesgärtlein* des Johann Arndt[3] (1555-1621). Natürlich kannte Hiller auch die Lieder von Paul Gerhardt, und er schreibt, wie er zu seinem Entschluss seiner Verarbeitung der Arndt'schen »Gebetlein« kam: »Des seligen Paul Gerhardts (1607-1676) herrliches Lied: *O Jesu Christ, mein schönstes Licht* – ist die Gelegenheit zu diesem Büchlein gewesen. Dass solches eine glückliche Übersetzung des geistreichen Arndischen Gebetes von der Liebe Christi sey, ist ganz gewiss. ...«, und so entstanden in den Jahren 1729 bis 1731 dreihundertein von Hiller in Verse umgearbeitete Lieder aus den »Arndischen Gebetlein« als Hillers erste Liedsammlung in 4 Teilen.

Ein kurzes Vikariat in Hessigheim (1732) war für Hiller insofern bedeutend und lebensgestaltend, weil er dort die Pfarrerstochter Maria Regina Schickhardt kennen und lieben gelernt hat. Er spricht ja, nach seiner Nürnberger Zeit, von Anfechtungen in der Fremde und dass er Gott um eine Gehilfin bat, »die I h n liebte und die mich liebte und er hat mir's gewährt ...«.

In Neckargröningen, im Investiturgottesdienst als dortiger Pfarrer, wird er am 24. August 1732 mit Maria Regina getraut.

Der erste Sohn ist im Oktober 1733, so Hiller, auf der Flucht in Stuttgart[4] geboren worden.

Hiller wird 1736 nach Mühlhausen berufen. Mühlhausen war in ritterschaftlichem Besitz, es gehörte der »freiherrlichen Familie vom Stein zum Rechtenstein«. Erst 1784 wurde der Ort dem Herzogtum Württemberg einverleibt. So wurde Hiller vom Konsistorium dem Patronatsherrn, dem Baron vom Stein, nur vorgeschlagen.[5,6] Hier begegnet Hiller, beim Empfangsessen des Barons, den dem »Separatismus« zugetanen »Herren« des Ortes und muss gleich zu Anfang klarstellen, dass von der Mutterkirche der Glaube ausgeht, auch wenn sie in Teilen krank sei.

Hiller wird 1748 nach Steinheim entsandt, auf die Ostalb. Er wohnte bei der mittelalterlichen Peterskirche (nur der Kirchturm ist, allerdings umgestaltet, noch erhalten). Die Kirche steht, etwas erhöht, wenige 100 Meter vom Meteorkraterzentrum entfernt am Zentralhügel des dreieinhalb Kilometer großen Steinheimer Meteorkraters.

Im Osten, jenseits des Brenztals, beginnt der Einflussbereich des katholischen Härtsfeldes mit dem Kloster Neresheim. Bei Hiller finden wir je-

doch kaum eine theologische Stellungnahme zu der katholisch-barocken Frömmigkeit auf dem Härtsfeld in der unmittelbaren Nachbarschaft.
Hiller schrieb: »...1748, am 11. Junius, wurde ich zur Pfarrei Steinheim befördert, wo ich aber zu Ende des dritten Jahres meine Stimme zum Predigen verlor.« Hillers Sohn sagt: »Auf dieser, für Amt und Haus arbeitsvollen Stelle, an einer, etwan anderthalb tausend Seelen starken Gemeine, wurde er durch den Verlust seiner Stimme am schmerzlichsten gedrückt und geübt ... Ob er gleich noch Worte machen konnte, so machte ihn doch das geringste Geräusch unhörbar ...«
Hiller wandte sich wegen dieses Kehlkopfleidens auch an Bengel – ein Antwortbrief Bengels ist nicht überliefert.
So musste es zu Widerständen gegen Hiller aus der Pfarrgemeinde kommen, weil sich Gemeindeglieder nicht genügend betreut fühlten, insbesondere sollte der Pfarrer predigen können und diesen Dienst nicht vom Vikar ausführen lassen.
Zum privaten Umfeld sei aus dem Munde seiner jüngsten Tochter überliefert: »... Seine Kinder seyen von ihm auf der einen Seite mit fester Grundsätzlichkeit und gehörigem Ernst, auf der andern aber voll überfließender Liebe und Herzlichkeit erzogen worden.«

»Liederkästlein«, Ausgabe von 1836

Die erste Zeile der Zueignung zum »Liederkästlein« verdeutlicht umfassend die Gemeinsamkeit mit seiner Ehefrau:
»Gehülfin, recht nach meinem Herzen!«
Hillers neun Kinder sind: Philipp Friedrich, Johann Christian, Maria Friederike, Ludwig Jakob, Benjamin, August Wilhelm, Sofie Regine, Luise Christiane, Eleonore Sibylla.[7]
Pfarrer Philipp Friedrich Hiller ist am 24. April 1769 verstorben und seine Ehefrau Maria Regina am 20. Juli 1780, beide in Steinheim.

Hiller als Schriftgelehrter

Die selbständige systematische und grundlegende theologische Arbeit Hillers begann wohl mit dem Versagen seiner Stimme und den damit verbundenen seelischen Kämpfen um 1751. Wenn wir Hillers theologische Schriften lesen, fällt uns bald sein eigenständiges Denken auf, das sich nicht am Rationalismus seiner Zeit orientierte, welcher mehr und mehr in die Bibelkritik mündete. Von der Aufklärung spricht Hiller: »...da sich die Irrtümer so kräftig regen ...« Dabei könnte man denken, dass Hiller sich n u r der traditionellen Bibelauslegung verpflichtet fühlt, was jedoch keineswegs der Fall ist. Hiller hat sich während seiner »stummen Zeit« eine eigene Methode der religionsgeschichtlichen Vergleiche erarbeitet. Hiller bindet seine Aussagen eng an die Heilige Schrift. Er ist sich bewusst, dass seine Darlegungen, dadurch, dass er seine Worte in eine schriftliche Form bringt, in gewissem Sinne erstarren und dass nur das Wort, als gesprochenes lebendiges Wort, seine Lebendigkeit behält.
Seine eigene typologische Schriftauslegung ist so zu verstehen:
In der Art des Anschauens, wie die vier Evangelien im Neuen Testament aufgebaut sind, das Anschauen des gesamten Evangeliums – des Jesus Christus von vier Seiten –, so behandelt Hiller auch das Alte Testament, aber ausgehend vom Neuen Testament und ausgehend von den Hinweisen Jesu Christi und den Zeugnissen des Paulus. Hiller sieht, wie in Jesus von Nazareth alles konzentriert ist, was dessen Vorfahren, ausgehend von Adam, also den Menschen des althebräischen Volkes, das Volk Gottes, kulturgeschichtlich erfahren und erduldet haben.
So sieht Hiller auch, wie der Priesterkönig Melchisedek dem aus der Schlacht kommenden Abram Brot und Wein reicht, und wie Moses das Näherkommen des Christus zur Erde durch die 40 Wüstenjahre begleitet

und damit das Volk Israel auf die Ankunft des Messias vorbereitet. Und so schreibt Hiller in seinem dritten Schattenstück seiner Vorbilder Jesu Christi: »Ich will in Einfalt meine Gedanken ... so schwach sie sind, nur um des Zusammenhangs der Vorbilder willen ... darlegen. Denn weil es die Herrlichkeit Gottes angeht, bekenne ich hie meinen Unverstand: ... wo der Glaube noch ins Künftige ging war Gott sichtbar in der (Wolken-) Säule; im Neuen Testamente, wo wir schon an den Glauben gekommen, ist sie nicht sichtbar, aber ebenso wirklich, denn er wohnt in den Herzen.«
Hiller unterscheidet streng die Zeit vor und nach dem mosaischen Gesetz mit seinen Konsequenzen. Vor diesem Hintergrund empfindet er das innerliche Wachsen des Volkes Gottes, er sieht das Reifen des althebräischen Volkes.

Hiller verwendet für die Form seiner Darlegung den Begriff »Schattenstücke«. Er s i e h t , namentlich im Matthäusevangelium, wie der heutige Mensch die Glaubensinhalte vermittelt bekommt. Ein Bild dafür gibt im Alten Testament der israelitische Tempelbau mit seinem Vorhang vor dem Allerheiligsten, der beim Kreuzestod Jesu Christi zerriss. Doch Hiller kann – er ist bescheiden – seine in Gebet, Meditation und durch die theologische Arbeit erreichten Glaubensinhalte nur wie Schattenstücke, wie abgeschattete Wahrheiten hinter einem Vorhang, weitergeben. So gibt Hiller sein theologisches Hauptwerk unter dem Titel *Neues System aller Vorbilder Jesu Christi durch das ganze Alte Testament ... in sechs Schattenstücken* heraus. Offensichtlich stieß Hiller mit dieser Veröffentlichung 1758 auf Widerstand. Denn 1759 legt er zusätzlich eine Schrift nach: *Verantwortung des Systems der Vorbilder Jesu Christi.*
Hiller schreibt seine theologischen Veröffentlichungen für den Kreis der Theologen. Die Streitschrift *Die eherne Schlange als ein wahres Vorbild Jesu Christi,* ebenfalls 1759 herausgegeben, beginnt mit den Worten: »Beweis, daß die eherne Schlange Mosis ein wahres Vorbild Jesu Christi sey. ... Hr. D. Huth lehret, diese sey eine Abbildung der alten Schlange, die von Christo zertreten werden musste. Wir behaupten, daß sie ein Vorbild unseres gekreuzigten Heilands sey.«
Im Vorbericht dazu betont Hiller zusätzlich: »... so suche ich hiermit meine Beweise getroster an den Tag zu legen. ... Daß ich auf die lateinische Einladungsschrift teutsch schreibe, geschicht darum, weil meine Schattenstücke auch in unserer Sprache geschrieben sind ...« Hiller wendet sich von der immer noch für die Wissenschaft üblichen lateinischen Sprache ab.

Der Liedtext *Jesus Christus herrscht als König*, eine Nachdichtung des bekannten Christushymnus aus Epheser I, 21.22., datiert mit dem 28. August 1755, wurde durch Hiller eingearbeitet in sein theologisches Werk *Neues System aller Vorbilder Jesu Christi* ... Dieses Lied ragt heraus aus allen seinen über 1000 Liedtexten; es kann als Hillers Glaubensbekenntnis bezeichnet werden, als Konzentrat seiner theologischen Arbeit. Er spricht darin den ganzen Kosmos an, er benennt die Engelhierarchien, die Christus, dem Herrn, dienen, und er ordnet gebührend ein die weltlichen Herrscher, um dann im vorletzten Vers zu schreiben: »Ich auch auf der tiefsten Stufen ...«

Der Poet und Seelsorger

Wenn Philipp Friedrich Hiller seinerzeit, wie wir heute, zurückgeschaut hat auf die Lieder der Kirchenliteratur, stieß er auf den lateinischen Hymnus *O lux beata trinitatis* (um 500 n.Chr.), der wahrscheinlich von Gregor dem Großen stammt. Das Lied gehört zur Welt der »Gregorianischen Gesänge«. Die erste bekannte Übertragung in die deutsche Sprache soll im Mittelalter »der Mönch von Salzburg« in Verse gebracht haben:

O du selige dryfaltikait
und auch vedriste ainnigkait ...

Martin Luther hat diesen Hymnus aus dem Lateinischen in »sein Deutsch« übertragen:

Der du bist drey in einigkeit
ein wahrer Gott von ewigkeit ...[8]

In der ersten Vorrede Luthers zu einer Ausgabe seiner Lieder schreibt er: »Dem nach hab ich ... ettliche geistliche lieder zu samen bracht ... das ich gerne wollte / die iugent / die doch sonst soll und mus in der Musica und andern rechten Künsten erzogen werden / etwas hette / damit sie der bul lieder und fleischlichen gesenge los worde / und an derselben stat / ettwas heylsames lernete ...«
In diese pädagogische Linie gehört auch Paul Gerhardt[9], geboren 100 Jahre vor Hiller. Mit seinem Lied *O Haupt voll Blut und Wunden* ... ver-

wendet er den lateinischen Text »Salve caput cruentatum« des Arnulf von Löwen aus dem Hochmittelalter.[3,10]
Die Wandlung des vielfältigen mittelalterlichen Deutsch hatte sich in der Hiller'schen Zeit so konsolidiert, dass wir Hillers Sprache heute nur noch geringfügig aktualisieren müssen.
Wie schon erwähnt, bearbeitete Hiller in den Jahren 1729 bis 1731 dreihundertein in Verse umgearbeitete Lieder aus den *Arndischen Gebetlein* als seine erste Liedsammlung in 4 Teilen.

Von Mühlhausen brachte er *Das Leben Jesu Christi* nach Steinheim mit, wo er dieses Epos, wie auch die kleine Ode *Gott Geheiligte Morgenstunden zur poetischen Betrachtung des Taues*, veröffentlichte. In dieser Zeit lebte er noch ganz in den normalen Bahnen als Pfarrer, und seine Dichtung war noch sehr der damaligen individuell-persönlichen Frömmigkeit zugewandt.

Durch den Verlust seiner Stimme, durch sein Hiob-Schicksal (der Verlust seiner Stimme – eine Katastrophe für einen Pfarrer, die daraus resultierende Anfeindung durch seine Gemeinde, der Tod zweier seiner Kinder, eigene schwere Krankheiten und selbst Zweifel an der Führung Gottes) fand er zu dem wissenden Glauben, der allumfassend das Theologische mit einer frommen Innigkeit verband und damit allein Christus ins Zentrum seiner religiösen Aussage rückte.
Eine schicksalhafte Steigerung erfährt er durch seine fast zum Tode führende Krankheit: ... am 7. Dezember 1760 erwartet Hiller seinen Tod. Er beginnt die Umstände seines Lebens aufzusetzen, doch er darf noch neun Jahre arbeiten, und diese Zeit nutzt er als Geschenk. Der große Seelsorger Philipp Friedrich Hiller gibt sein zweiteiliges *Geistliches Liederkästlein zum Lobe Gottes* in schlichter Sprache heraus, das den Menschen in vielen Teilen der Erde zum Segen gereichen sollte.
»Es ist ohne mein Vermuthen an mich begehret worden, etwas auf die Art des *Bogatzkischen Schatzkästleins* und etlich anderer zu verfertigen.« Das schrieb Hiller 1762 als Vorrede zum Ersten Teil seines »Liederkästleins«. So finden wir im Ersten und Zweiten Teil des »Liederkästleins« je 366 Lieder, also für zwei Jahreszyklen jeweils ein Lied pro Tag – als Einführung jeweils mit einem Andachtstext versehen: Einem Bibelwort folgt ein kurzer Gedanke über die Liedverse.

Als Beispiel sei das Lied aus dem Zweiten Teil zitiert, herausgegeben 1767, zum 21. Dezember:

> Wir haben nicht empfangen den Geist der Welt, sondern den Geist aus Gott, dass wir wissen können, was uns von Gott gegeben ist. (1 Cor.2,12.)
> Man merke doch wohl den Unterschied zwischen dem Weltgeist und Gottes Geist.

(Melodie: Wer weiß, wie nahe mir mein Ende)

> Wir haben nicht den Geist empfangen,
> den argen, den die Welt regiert.
> Den hat sie längst schon von der Schlangen,
> die gleich das erste Paar verführt.
> Sie weiß, im Mangel wahren Lichts,
> vom Vater und von Christo nichts.
> ...

Wenn wir die Dichtungen Hillers genauer anschauen, fällt uns eine Entwicklung seiner Textgestaltungen, seiner Textinhalte auf. Selbstverständlich lernte er noch bei Bengel in Denkendorf das Pflichtfach Metrik und Poetik. Diese Grundlage erlaubte ihm, vorhandene Prosa-Texte im damaligen Stil in Gedichtform zu fassen.
So ist zu unterscheiden, welcher Sprache sich Hiller zunächst bedient hat bis zu seiner Steinheimer theologischen Arbeit und danach: Davor war seine Sprache der damaligen persönlichen Gebetsfrömmigkeit angepasst, danach griff er mit seiner Dichtung bewusst weit über persönliche fromme Gebetswünsche hinaus, ihm wurde die Majestät Christi zum zentralen Anliegen.

Wolfgang Wischmeyer skizziert im Bändchen *Gott ist mein Lobgesang*[10] generell Hillers frühe Dichtung: »Es handelt sich also um gelehrte Dichtung ... dem widerspricht in keiner Weise, dass wir in vielen Liedern Hillers Formen und Stilzüge der Empfindsamkeit finden. Denn die Quelle dieses Dichters ... für seine poetischen Erfindungen ist die klassische Bukolik (Hirtengesänge – oft Dialoge zweier Hirten), wie sie von den

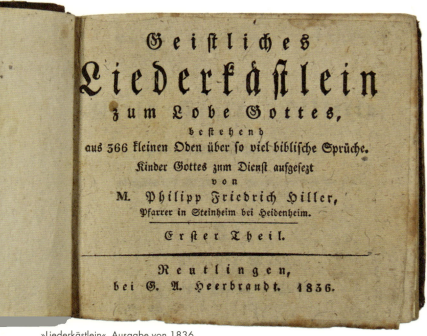

»Liederkästlein«, Ausgabe von 1836

römischen Dichtern des Augusteischen Zeitalters (5. Jh. n. Chr.) eben für Lehrgedichte gebraucht wurde und immer wieder Renaissancen fand.« Einen diesbezüglichen Anklang finden wir in der 1748 erschienenen kleinen Ode *Gott Geheiligte Morgenstunden zur poetischen Betrachtung des Taues*, in der auch tiefer Ernst, zeitkritische Töne mitschwingen:

> ... auch dieser feuchte Morgen ...
> Du wirfst den Segen da mit frischen Millionen
> Wie glänzend Silber aus! Die Menschen prägen Kronen
> Und Bilder in ihr Erz, besorgtes Herze schau,
> Dort ist nur Carl im Gold, hier sieht man Gott im Thau.

Zehn Jahre später, in der Zeit, als er mit seiner schwindenden Stimme zu kämpfen hatte und in mühsamer theologischer Arbeit tiefe Einblicke in die Heilige Schrift erhielt, ändert Hiller seine Dichtung grundlegend. Wolfgang Wischmeyer sagt dazu: »Nicht um Gefühl und Idylle geht es dem schwäbischen Dichter, sondern um ins Gedicht umgeformte Theologie, um zum Kunstwerk gestaltete Theologie: geformte Rede eines gelehrten Dichters zum Lobe Gottes ... Der Diener seiner Gemeinde will in seinem seelsorgerlichen Dienst auch mit seiner Dichtung Kirche erneuern, recht gestalten.«

Hillers Lieder bleiben in unmittelbarem Bezug zu den biblischen Inhalten, sind aber sprachlich so schlicht gefasst, dass die theologischen Inhalte einen großen Kreis der Christen direkt ansprechen konnten und noch können. Das Hiller'sche »Geistliche Liederkästlein«, mit seinen zweimal 366 Liedern, gehört nach der Bibel zu den am weitest verbreiteten christlichen Trost- und Erbauungsschriften

Magnus Friedrich Roos, Herzoglich-Württembergischer Rat und Prälat im benachbarten Anhausen, der Hiller natürlich persönlich kannte, spricht von Hiller als von einem erleuchteten Gottesgelehrten. Was erleuchtet bedeutet, müssen wir erst wieder lernen, denn das Wissen darüber ist heute verloren gegangen.

Ein Gedenkraum in der heutigen Peterskirche zu Steinheim ist der einzige Raum, durch den Pfarrer Philipp Friedrich Hiller geschritten ist. Seine alte Kirche wurde von seinem Nachfolger im Auftrag der Landeskirche abgerissen und neu, größer und moderner wieder aufgebaut. Die Epitaphe von Hiller und seinem Nachfolger Offterdinger sind im Kirchenraum auf der Westseite angebracht. Der Gedenkraum wurde am Sonntag, 11. Januar 2015, eingeweiht, er beinhaltet in einer Vitrine Dokumente rund um Hiller, an den Wänden wurden Tafeln mit Bildnissen und Texten über die verschiedenen Facetten Hillers angebracht. Daneben stehen kurze Lebensabrisse von Bengel, Oetinger und Andreae, Persönlichkeiten, die in und um Steinheim wirkten.

Philipp Friedrich Hillers Werke

1731 Johann Arndts Paradiesgärtlein geistreicher Gebete in Liedern, Nürnberg
1748 Gott geheiligte Morgenstunden zur poetischen Betrachtung des Taues, Tübingen, J. Chr. Löffler
1752 Das Leben Jesu Christi, des Sohnes Gottes, unseres Herrn, 2 Teile: 1. Teil, Heilbronn, Franz Eckebrecht; 2. Teil, Tübingen, J. Chr. Löffler
1752 Gedächtnisreimen, Tübingen, J. Chr. Löffler
1758 Neues System aller Vorbilder Jesu Christi durch das ganze Alte Testament in ihrer vollständigen Schriftordnung und verwunder-

lichen Zusammenhang nach den beeden Oeconomiezeiten, zur Verehrung der göttlichen Weisheit, aufgestellt (in) sechs Schattenstücken samt Anhang und Beleuchtung von M. Philipp Friedrich Hillern, Pfarrern in Steinheim bey Heidenheim. Stutgart bey Johann Benedict Mezler
Dieses Werk ist in Einzelteilen erschienen.
1756-1757 Die Reihe der Vorbilder Jesu Christi im Alten Testament, Stuttgart, J. B. Metzler
1757 Die prophetischen Vorbilder Jesu Christi im Alten Testament ...
1759 Die eherne Schlange als ein wahres Vorbild Jesu Christi in einer Antwort an Seine Hochwürden Herrn D. Huth in Erlangen, als eine Zugabe zu den Schattenstücken, mit geziemender Bescheidenheit vertheidigt von M. Philipp Friedrich Hiller Pfarrern in Steinheim bey Heidenheim, Stuttgart, verlegts Joh. Benedict Mezler,1759-106 Seiten Octav
1759 Nötige Verantwortung seines Systems der Vorbilder Jesu Christi, Heerbrand
1762 Der levitische Versühntag, Stuttgart, J. B. Metzler
1762 Kurze und erbauliche Andachten bei der Beicht und Heiligem Abendmahl, Stuttgart, J. B. Metzler
1762 Geistliches Liederkästlein zum Lobe Gottes bestehend aus 366 kleinen Oden über so viel biblische Sprüche, M. Philipp Friedrich Hiller, I. Teil, Stuttgart, J. B. Metzler
1767 Geistliches Liederkästlein, II. Teil
1766 Vorbilder der Kirche Neuen Testaments im Alten Testament,
1768 Tübingen, Cotta
1768 Nützliches Andenken für Confirmierte, Stuttgart, J. B. Metzler
Nach Hillers Tod erschien:
1785 Beiträge zur Anbetung Gottes im Geist und in der Wahrheit bei Erhard, Stuttgart

Buchveröffentlichungen über Hiller

Philipp Friedrich Hillers sämtliche Geistliche Lieder, zum ersten Mal vollständig gesammelt und, nebst einem Abriss seines Lebens, mit Zustimmung der Enkelsöhne des Dichters unverändert herausgegeben von Karl Chr. Eberh. Ehmann, Verlag und Druck Joh. Conr. Mäcken jun., 1844

Zeugnisse der Schwabenväter, Band XII, Philipp Friedrich Hiller, Das Wort und Christus in dem Wort, ausgewählte Betrachtungen und Lieder, Irmgard Weth, Ernst Franz Verlag, Metzingen/Württ. 1969
Brecht, Martin (Hg.): Gott ist mein Lobgesang. Philipp Friedrich Hiller (1699-1769). Der Liederdichter des württembergischen Pietismus. Ernst Franz Verlag, Metzingen/Württ. 1999

Anmerkungen

1 Walter Stäbler: Die Flucht vor den Franzosen hängt mit den Auswirkungen des Spanischen Erbfolgekrieges 1701-1713 zusammen.
2 Walter Stäbler/Karl Hermann: Johann Albrecht Bengel – Der Klosterpräzeptor von Denkendorf
3 Walter Stäbler: Johann Arndt (1555-1621) 1611 Generalsuperintendent in Celle
4 Erneuter Durchzug von Franzosen durch Württemberg wegen des polnischen Erbfolgekrieges (ab 1733)
5 Herzöge von Württemberg: Karl Alexander, geb. in Stuttgart 1681, tyrannisches Regiment von 1733 bis 1737. Sein Nachfolger, sein ältester Sohn Karl Eugen, war erst neun Jahre alt.
Interimsregierung durch Herzog Karl-Rudolf und Herzog Friedrich Karl.
Karl Eugen, geb. in Brüssel 1728, übernimmt am 23. März 1744 die Regierung. Zunächst führt er ein ausschweifendes Leben, in den Jahren von 1778 bis 1793 verbessert er die Infrastruktur des Landes, er veredelt den Weinbau und bringt die Landwirtschaft voran. Die Karlschule wurde von ihm 1770 gegründet.
6 Das württembergische (evangelische) Konsistorium hatte nur das Vorschlagsrecht, das Ernennungsrecht lag beim Patronatsherrn.
7 Martin Brecht (Hg.):Philipp Friedrich Hiller/Thilo Dinkel – Die Familien Hiller und Schickardt
8 D. Martinus Luther – Ein feste Burg – Luthers Kirchenlieder nach der Ausgabe letzter Hand von 1545, hg. von Johannes Heimrath und Michael Korth, Artemis Verlag, München 1986
9 Evangelisches Gesangbuch – Ausgabe für die Evangelische Landeskirche in Württemberg, Gesangbuchverlag Stuttgart GmbH, 1. Auflage 1996, Paul Gerhardt. Meyers Neues Konversations-Lexikon, 7. Band, Hildburghausen, Druck und Verlag des Bibliographischen Instituts, 1858, Paul Gerhardt
10 Wolfgang Wischmeyer: Philipp Friedrich Hiller – ein Dichtertheologe und ein Kirchenreformer, aus: Philipp Friedrich Hiller – Gott ist mein Lobgesang, Hg. Martin Brecht, Ernst Franz Verlag, Metzingen 1999

Walter Starzmann

Friedrich Heinrich Kern 1790-1842
Gottlob Christian Kern 1792-1835
aus Söhnstetten

Im Sommer 1976 sitze ich in der Kirche von Sils Maria im Engadin. Müde bin ich vom gerade laufenden Bergsteigerkurs. Die Orgel spielt, ich blättre im fremden Schweizer Gesangbuch von 1952. Gottlob Christian Kern, geboren in Söhnstetten, lese ich – ein Liederdichter aus Söhnstetten? Mein Interesse ist geweckt.

Herkunft und Kindheit

Die Kirchenbücher von Söhnstetten und Hohenmemmingen vermitteln einen ersten Eindruck.
Die Brüder Friedrich Heinrich und Gottlob Christian sind 1790 und 1792 im Pfarrhaus in Söhnstetten geboren. Sie sind die ersten Kinder der jungen Pfarrfamilie. Drei weitere Mädchen werden von Christina, geborene Klemm, geboren. Christina stammt aus dem Pfarrhaus in Ebersbach.
Der Vater, Magister Christoph Friedrich Kern, war seit 1789 Pfarrer in diesem Dorf. Das junge Ehepaar war von Ebersbach auf die Ostalb gezogen. Mit Christoph Friedrich Kern beginnt in Söhnstetten eine Zeit der exakt geführten Kirchenbuchführung. Neben den Kasualeinträgen systematisiert der Magister zum ersten Mal im Seelenbuch die zusammenhängenden Familien. Wertvoll sind auch die personenbezogenen Notizen. Allgemeine Ereignisse werden genannt. Im Elternhaus eines solchen Pfarrhauses wachsen Friedrich und Gottlob auf.
Äußerlich waren es sehr bewegte Zeiten. Die Umwälzungen der Französischen Revolution und der Koalitionskriege hatten längst auch Söhnstetten erreicht. Sieben Monate vor der Geburt der ersten Tochter Rebecca war der französische König unter der Guillotine gestorben. Als Sechsjähriger erlebt Friedrich am 2. August 1796 die Plünderung Söhnstettens durch die Franzosen. Erst zu Weihnachten 1798 kann wieder in der alten Martinskirche mit einem neu angeschafften Abendmahlskelch gefeiert werden. Neben dem entstandenen Kriegsschaden in Höhe von 29.000 fl. war im Haus des Schulmeisters und Mesners Jeremias Sauter der Kelch geraubt worden.

Friedrich Heinrich Kern, nach einer Lithografie von Ludwig August Helwig (1796-1855)

Die Ereignisse dieser Zeit sind noch im Ersten Weltkrieg in Söhnstetten bekannt. Noch 1917 berichtet Pfarrer Hettler von Söhnstetten von einer zu Tode misshandelten Frau im »Götzenbrunnen«. Die Pfarrfamilie Kern war besonders betroffen. Pfarrer Hettler berichtet:
»Besonders schlimm war's, solange die Franzosen in Söhnstetten lagerten. In den ›Dudelgärten‹ im ›See‹ und im ›Götzenbrunnen‹ hatten sie ihr Lager geschlagen. Dorthin mussten ihnen die Söhnstetter das Essen bringen. Von dort sind die Franzosen auch in die Häuser eingedrungen, haben die Bewohner misshandelt und ausgeplündert. Der damalige Pfarrer Christoph Friedrich Kern kam in große Gefahr. Die Franzosen verlangten Geld von ihm und bedrohten ihn. Er konnte sich aber noch flüchten und hiesige Bürger waren ihm dabei hilfreich an die Hand gegangen. Man hat ihn in das hinter dem Schulhaus stehende Aborthäuschen eingeschlossen und das Häuschen mit Reisigbüscheln zugedeckt. Auf diese Weise blieb er den Franzosen verborgen, die ihn suchten mit dem Ruf: ›Wo Pastor?‹ Von der Pfarrfrau wird erzählt, dass sie als Wöchnerin in das Buschwerk bei den alten Krautgärten am Gnannenweiler Weg geflohen sei; ein Laib Brot und ein Krug Wasser war ihre Nahrung in ihrem Versteck.« (Auszug aus der Festschrift *150 Jahre Martinskirche Söhnstetten*. Auf den Seiten 23 bis 26 berichte ich ausführlich über diese Kinderzeit der Gebrüder Kern.)
Es ist eine schlimme Zeit, in der die beiden ihre Kindheit erleben. Glaube kann gelernt werden. Theologie und fleißige Arbeit in chaotischen Verhältnissen erlebt eine ganze Familie. Bis heute geben Dokumente darüber Aufschluss. In dieser Zeit werden Friedrich und Gottlob vom Vater und sicher auch der Mutter sorgfältig erzogen. Ab seinem 12. Lebensjahr lebte Gottlob in Schorndorf wohl am Vorläufer des heutigen Burg-Gymnasiums bei dem Präzeptor Reuß. Reuß wurde später Ephorus in der Klosterschule Blaubeuren. Wahrscheinlich hat er in Schorndorf Latein gelernt und ist in vielen anderen Fächern unterrichtet worden.
Das nackte Überleben der Familie Kern war durch diese Ereignisse hindurch gerettet. Noch einmal erleben Söhnstetten und die ganze Pfarrfamilie Kern den Durchmarsch der Truppen Napoleons durch das Dorf am 4. Oktober 1804. Ende 1805 wird ein neuer Pfarrer nach Söhnstetten berufen. Am 16. Januar 1806 zieht die Pfarrfamilie im Pfarrhaus in Hohenmemmingen ein. Das kleine Grab der Rebecca bleibt neben der alten Martinskirche, nahe am Pfarrhaus, zurück. Sie war im Sommer 1793 im Söhnstetter Pfarrhaus geboren, aber bereits im März 1799

fünfjährig verstorben. Friederike, geboren 1796, und Caroline, geboren 1799, ziehen mit nach Hohenmemmingen.
Friedrich, 16 Jahre alt, hat die Lateinschule in Heidenheim besucht. Nach seiner Konfirmation besucht er die Seminare in Denkendorf und Maulbronn. Gottlob, 14 Jahre alt, besucht nach seiner Konfirmation im Frühjahr 1806 die Klosterschule Denkendorf, später kommt er nach Maulbronn. Nur dreieinhalb Jahre ist Christoph Kern Pfarrer in Hohenmemmingen. Er stirbt am 12. August 1809 in Hohenmemmingen im 56. Lebensjahr.

Friedrich Heinrich Kern
Studium, Familie und Berufstätigkeit

Die Allgemeine Deutsche Biografie sagt aus: »Er absolviert den gewöhnlichen Studiengang eines schwäbischen Theologen. Er studiert an der Universität Tübingen.«
1810, mit 20 Jahren, schreibt Friedrich Heinrich Kern seine Magisterarbeit. 1813 wird er ins geistliche Amt ordiniert, er kommt als Pfarrgehilfe nach Mössingen. Ein Jahre später finden wir ihn als Repetent am Evangelischen Stift in Tübingen. Von Tübingen aus geht es 1817 ins Kloster Blaubeuren, eines der evangelischen Seminare im Königreich Württemberg. Neun Jahre, bis 1826, wird er als Erster Professor am Blautopf unterrichten.
1818 steht eine Reise zu Fuß, vielleicht auch zu Pferde, nach Dürrmenz bei Mühlacker an. Er heiratet, im späteren Wirkungsort seines Bruders Gottlob, Christiane Luise Kaufmann. Sie ist 1789 geboren und eine Enkelin von Christian Friedrich Daniel Schubart. Zurück geht es nach Blaubeuren. Der Familie wird 1819 ein Sohn, Albert Ludwig, geboren, dieser studiert ab 1836 in Tübingen Jura, später ist er am Landgericht Ellwangen. Auch eine Tochter Mathilde ist bekannt.
Der letzte Umzug seines Lebens führt Friedrich Heinrich Kern mit seiner Familie in die Universitätsstadt Tübingen. Die theologische Fakultät beruft ihn 1826 als zweiten ordentlichen Professor für Dogmatik und christliche Morallehre. Kurz zuvor hat er wohl seinen Doktor gemacht. Er lehrt auch Neues Testament und systematische Theologie. Kollegen und Mitstreiter seiner theologischen Richtung waren in Tübingen die Professoren

Ferdinand Christian Baur (1792-1860), Johann Christian Friedrich Steudel (1779-1837) und Christian Friedrich Schmid (1794-1852). Von 1836 bis 1837 ist Kern Rektor der Universität Tübingen. Wie damals üblich, üben die Hochschullehrer der Universität auch Predigtdienste und andere Ämter aus. 1826 bis 1837 ist er zweiter Frühprediger an der Stiftskirche, bis zu seinem Tod auch Superattendent am theologischen Stift.
Interessant ist die Wirkung evangelischer Theologie der damaligen Zeit bis heute. Dr. Hans-Otto Binder führte im Jahr 2008 Stadtführungen in Tübingen durch. Sein Thema: David Friedrich Strauß und die Geniepromotion in Tübingen. Im Begleittext stand: »Im Jahr 1825 bezog ein ganz besonderer Jahrgang des Seminars Blaubeuren das Tübinger Stift. Ihm folgten bald darauf ihre Professoren Baur und Kern auf theologische Lehrstühle. Diese ›Geniepromotion‹ fiel durch ein sensationell gutes Ergebnis bei der Abschlussprüfung auf und hinterließ später deutliche Spuren in der deutschen Geschichte. Besonders David Friedrich Strauß löste als Stiftsrepetent mit seinem wissenschaftsgeschichtlich bedeutenden Werk *Das Leben Jesu* ein geistiges Erdbeben aus, das weitreichende Folgen hatte.«
Ich selber wurde 1983, bei meinem 2. Examen in Kirchengeschichte, über zwei gegensätzliche Theologen und Theologien des 19. Jahrhunderts geprüft: David Friedrich Strauß und Johann Christoph Blumhardt. Was also in der Zeit von 1826 bis 1842, dem Tod von Professor Friedrich Heinrich Kern passiert ist, hat im Protestantismus durch die Folgen der Aufklärung weltweite Auswirkungen.
Auch Pfarrer Fink, der Nachfolger von Pfarrer Christoph Friedrich Kern, Vater des Friedrich Heinrich, ging durch diesen Zwiespalt der Theologie des 19. Jahrhunderts.
Fink und Hegel waren eigentlich Freunde, aber Fink hat dann eben doch den Weg ins Pfarramt nach Söhnstetten gewählt. Somit ist er eher der konservativen, vielleicht orthodoxen Seite der württembergischen Pfarrerschaft zuzurechnen. Auch Historiker rechnen Professor Kern der konservativen Seite der evangelischen Theologie zu.
In der 1950 bis 1961 erschienenen Schrift *Der Hellenstein – Heimatkundliches aus dem Kreis Heidenheim* berichtet Rektor Fritz Schneider aus Heidenheim: »... Dieses Söhnstetten ist Dr. Heinrich Kern als seinem Geburtsort immerfort besonders wert geblieben. Aus Gesprächen mit längst verstorbenen Söhnstettern war zu erfahren, daß ›der Herr Professor‹ später einige Male seinen Geburtsort aufsuchte und dabei jedes Mal ›auf der Kanzel aushalf‹.«

Am 3. März 1842 stirbt der Herr Professor im 52. Lebensjahr in Tübingen. Die Leichenpredigt hält der Professorenkollege Ferdinand Christian Baur. Die Theologiestudenten vom Seminar halten einen Fackelzug für den geachteten Lehrer ab. Der Student Karl Lechler würdigt den väterlichen Freund und Lehrer. Am 9. März ehrt im Seminar der Repetent Kornbeck den Verstorbenen und rühmt seine wissenschaftliche Arbeit. Am Sonntag Invocavit predigt der Seminarist Paret über 1. Korinther 3, 22 und 23: »... In der Liebe geschah es, daß unsere Gesänge dem nun vollendeten Lehrer nachtönten, daß wir in nächtlicher Stunden an die Stätte des Todes hinauszogen, um mit dem schönsten Glanze der Lichter das frische Grab zu schmücken ...« Ein Professor Dr. Schmid schließlich beendet mit einer selbstbewussten »Anrede« den umfangreichen Trauervorgang für Friedrich Heinrich Kern.

Literarische Werke des Friedrich Heinrich Kern

Einen guten Einblick in die schriftstellerische Tätigkeit Kerns gibt das seit einigen Jahren zugängliche Internetportal Leo BW. 38-mal werden dort Beiträge und Bücher von ihm genannt. Auffällig sind die literarischen Verbindungen mit dem Professorenkollegen Ferdinand Christian Baur. Im Jahr 1810, Kern ist gerade 20 Jahre alt, beginnt die Aufzählung. Der Schwerpunkt seines schriftstellerischen Schaffens beginnt mit der Behandlung klassischer Schriftsteller. 1835 zweifelt Kern in der *Theologischen Zeitschrift* an der Echtheit des neutestamentlichen Jakobusbriefs. Schon drei Jahre später ändert er seine Meinung. Der Leiter der Jerusalemer Urgemeinde sei gewiss der Verfasser dieser Schrift.
Auch nach seinem Tod erscheinen seine Bücher, bis zur 8. Auflage. Die Freundschaft mit Ferdinand Christian Baur wird deutlich in dem Band *Worte der Erinnerung an Friedrich Heinrich Kern* von 1842.

Gottlob Christian Kern
Studium, Familie und Berufstätigkeit

Gottlob beginnt sein Studium der Theologie 1810 am Stift in Tübingen. Noch drei Jahre studiert er zusammen mit seinem älteren Bruder Friedrich. Die Magisterprüfung besteht er bereits 1812. Um 1815, wohl nach seiner Ordination, ist er für zwei Jahre Vikar in Plochingen am Neckar. 1817 ist er bereits wieder in Tübingen als Repetent am Stift. Wieder am Neckar, geht seine Laufbahn weiter, er wird 1820 Helfer/Diakon in Besigheim. Das Familienregister I/148 aus Hohenmemmingen nennt als Heiratsort jedoch wieder Tübingen. Henriette Luisa Nast, geboren 1795, wird seine Frau. Die Verheiratung ist im Juli 1820 in Stuttgart. Der Heiratsort schwankt also in den schriftlichen Quellen. Vier Kinder sind aus dieser Ehe bekannt: Die Tochter Marie Henriette kommt 1821 zur Welt. Das zweite Kind ist Ernst Gottlob, geboren 1823 in Besigheim, 1848 wird er Professor in Zürich. Ernst stirbt sehr früh, im Jahr 1854 in Stuttgart. Ein weiterer Sohn ist Max Gottlob, 1825 geboren. Die letzte bekannte Tochter heißt Wilhelmine Franziska Karoline, geboren 1828.
Max und Franziska sind wahrscheinlich schon an der Jagst geboren, denn seit 1825 ist Gottlob Kern erster Professor am evangelisch-theologischen Seminar in Schöntal/Jagst. Ein Brustleiden, Wassersucht und eine Augenschwäche machen sich bemerkbar. 1829 zieht die ganze Familie nach Dürrmenz-Mühlacker um in das Pfarrhaus. Als Pfarrer dieser Gemeinde kann er sechs Jahre dort wirken. Einer der wichtigsten Theologen des 19. Jahrhunderts wird im Pfarrhaus bei ihm wohnen, denn Johann Christoph Blumhardt ist sein Vikar.
Nur sechs Jahre sind ihm vergönnt, am 5. August 1835 stirbt er. Seine Gemeinde ist erschüttert über den Tod ihres geliebten Pfarrers. Bis heute zeigt sich das in einem Denkmal auf dem Dürrmenzer Friedhof.

Auf der Gussplatte steht:
Denkmal der Liebe/für/C: G: Kern/Pfarrer dahier,/geb: d. 13. Jan. 1792./zu Söhnstetten,/gest: hier d: 5. Aug. 1835./errichtet von seinen Verehrern.

Auf der Westseite des Sockels steht der Bibeltext aus Hebräer 13, Vers 7: »Gedenket an eure Lehrer, die euch das Wort Gottes gesagt haben ...«

Auf der Nordseite des Denkmals lesen wir:
Hier Leser flehe still
besinn dich doch recht.
Wer ruht in diesem Grab?
Ein treuer Gottesknecht.
Dem Gott zu seinem Lohn
Beilegen wird die Kron
Dort in der Ewigkeit
Das weiße Gotteskleid.

Innerer Werdegang und die literarischen Werke des Gottlob Christian Kern

Fritz Schneider schreibt: »Erste Eindrücke der ›Gottseligkeit‹ erhielt Gottlob durch seinen Vater, den Pfarrer von Söhnstetten.«
Die erhebliche Spannung im Studium ab 1817 schildert Fritz Schneider so: »Der damals entbrannte Kampf zwischen Schriftglauben und Vernunftglauben bereitete seinem forschenden Geist manche inneren Kämpfe um die Wahrheit, aus denen ihn jedoch Gott durch mannigfache Züge der Gnade herausführte. Von ganz besonderem Segen waren ihm aber die Predigten des ehrwürdigen Chr. A. Dann, der damals Pfarrer in Oeschingen war.«
Den weiteren Weg und die ersten literarischen Werke schildert das Biographisch-Bibliographische Kirchenlexikon (BBKL), Band III, Spalte 1397, so: »... Kern trug bei zu Abhandlungen und Aufsätzen der von Friedr. Heinr. Kern und Steudel in Tübingen herausgegebenen theologischen Zeitschrift und zu der von Albert Knapp herausgegebenen ›Christoterpe, Taschenbuch für christliche Leser‹ in den Jahren 1833-37. Diese Beiträge stehen in ihren Gedanken unter dem Einfluss von Joh. Albr. Bengel und C. Aug. Osiander. Bekannt ist Kern durch seine geistlichen Lieder, von denen die meisten in A. Knapps ›Christoterpe‹ erschienen sind.«[1]

Das Biographisch-Bibliographische Kirchenlexikon nennt unter Werke:
- Predigten auf alle Sonn- und Festtage des Kirchenjahrs. Nach seinem Tode herausgegeben von W. Hoffmann u. L. Völter, Stuttgart 1837
- Preis dir o Vater und o Sohn (Tauflied) und Wie könnt ich Sein vergessen (Abendmahlsfeier), in A. Knapp, Liederschatz, 1837

Der Heidenheimer Fritz Schneider schreibt über ihn:
»Er war ein Schriftgelehrter zum Himmelreich; sein einziger Meister war Christus und das Wort der Wahrheit.«

Die beiden oben genannten Lieder zu Taufe und Abendmahl haben, meiner Beobachtung nach, die größte Wirkung erreicht. Schon 1843 wird das Lied: *Wie könnt ich Sein vergessen, der mein noch nie vergaß* unter der Rubrik XIV, Das Gebet, Nummer 262, im Evangelischen Gesangbuch für Württemberg abgedruckt. Eduard Koch nennt Ausgaben beider Lieder in ganz Deutschland und auch im europäischen Ausland.

1976 finde ich im *Kirchengesangbuch der Schweiz* folgenden Hinweis unter den Liederdichtern:

»KERN, Christian Gottlob, von Söhnstetten in Württemberg, 1792 bis 1835, Professor am Theologischen Seminar zu Schönthal, Pfarrer in Dürrmenz-Mühlacker, befreundet mit Albert Knapp.«

Unter Taufe, Lied Nummer 221, lese ich:

Preis dir, o Vater und o Sohn

1. Preis dir, o Vater und o Sohn, / Preis dir, o Geist von Gottes Thron, / so reich zu uns gekommen. / O du, der ewig ist und war, / hast diese Kinder zu der Schar / der Deinen aufgenommen.

2. O Jesus, präge selbst dein Bild / so göttlich rein, so himmlisch mild / tief in die zarten Seelen. / Zu deinem Reich sind sie erkauft, / auf deinen Bund sind sie getauft; / laß dir sie anbefehlen.

3. Wohl ihnen! Deiner Liebesmacht / sind sie nun dankbar dargebracht; / sie ruhn in treuen Händen. / Du wirst, o Heiland aller Welt, / an denen, die dir zugestellt,/ dein Werk dereinst vollenden.

Anmerkungen

1 Wer schnell und unkompliziert einen Originaltext von Gottlob Kern lesen will, dem empfehle ich das E-Book: http://books.google.de/books?id=Krk7AAAAcAAJ&pg=PA1&hl=de&source=gbs_toc_r&cad=3#v=onepage&q&f=false
Der Titel lautet: Über die Lehre Jesu vom Himmelreich – mit besonderer Berücksichtigung der Gleichnisse des Herrn, Seite 1-31

Quellen

- Generalmagisterbuch Siegel im Landeskirchlichen Archiv Stuttgart
- Biographisch-Bibliographisches Kirchenlexikon
- Allgemeine Deutsche Biografie
- Gott im Dorf, eine Kirchengeschichte von Söhnstetten, aus: 150 Jahre Martinskirche Söhnstetten, Walter Starzmann, Söhnstetten 2006
- Die Kirchenbücher der evangelischen Pfarrämter Söhnstetten und Hohenmemmingen
- Informationen des Historisch-Archäologischen Vereins Mühlacker, Herr Rieger, über Pfarrer Kern in Dürrmenz
- Koch, Eduard: Geschichte des Kirchenliedes, Stuttgart 1872
- Schneider, Fritz: Christian Gottlieb Kern, Professor, Pfarrer und Schriftsteller aus Söhnstetten (1792-1835), Zeitungsartikel in: Hellenstein, Begleitheft der Heidenheimer Zeitung, um 1960 (weitgehend nach Koch, Geschichte des Kirchenliedes)
- Kern, Friedrich Heinrich: Die Hauptthatsachen der evangelischen Geschichte – nebst einer Erinnerung an G. C. Kern, Tübingen 1836
- Baur von, Ferdinand Christian: Worte der Erinnerung an Dr. Friedrich Heinrich Kern, Tübingen 1842

Vorbemerkung von Walter Starzmann
Durch das Erfassen und Auswerten der Söhnstetter Kirchenbücher bin ich auf einen bemerkenswerten Menschen aufmerksam geworden: Johann Georg Krauß aus Bolheim. Er war ab 1830 Provisor und Schulmeister in Söhnstetten. 1832 heiratet er Luise aus Oggenhausen. Sechs Kinder werden den beiden geboren. 1846 zieht die Familie nach Steinheim. Albrecht Ritz hat in seinem Heimatbuch von Nattheim die schöne, romantische Geschichte der beiden erzählt.
Nun wird es spannend: Das Familienregister 2, Nummer 92b, enthält bei der Familie des Schulmeisters Krauß einen späteren Nachtrag, hinzugefügt wohl durch einen literaturkundigen Söhnstetter Pfarrer. Das Kirchenbuch vermerkt: »Friedrich Krauß, Nr. 3, S. 93 / g. 12. Feb 1835 Verfasser des Dramas ›Kaiser Philipp von Schwaben – Hohenstaufen‹ ed. 1908 in Leipzig, Deutsche Verlagsanstalt.« Nun begann für mich die Sucharbeit. Bald entwickelte sich ein reger Briefverkehr mit dem Stadtarchiv Ravensburg, der Familie Krauß und letztendlich mit Herrn Dr. Diether Gräf. Immer mehr Einzelheiten über den bis dahin Unbekannten kamen ans Licht. Er ist wohl der Erste, der sich schon um 1846 in Söhnstetten und Steinheim als Kind mit der Geologie dieser Gegend beschäftigte. Die Funde, die er damals machte, sind auch später noch in seinen Sammlungen vorhanden.
Ich bin sehr dankbar, dass ein profunder Kenner von Friedrich Krauß den folgenden Beitrag beigesteuert hat.

Diether Gräf

Johann Christoph Friedrich Krauß 1835-1921

Pionier der Naturwissenschaften
in Oberschwaben

Wie ich auf ihn stieß

Als Lehrer im Berufsschulzentrum Ravensburg stieß ich Mitte der 90er Jahre auf ungewöhnliche Fossilien-Ausstellungsstücke, die damals unbedingt eine Pflege brauchten. Mit einem riesigen Mammutzahn fing ich an, und über die alte Sammlung im Keller erfuhr ich, dass es sich um einen Teil der früheren Museums-Sammlung der Stadt Ravensburg handelte. Gleichzeitig war es naheliegend, sich auch mit dem Urheber, einem ungewöhnlichen Menschen, Friedrich Krauß, und dessen Wirken näher zu beschäftigen.

Seine Person

Johann Christoph Friedrich Krauß wird geboren am 2. Februar 1835 in Söhnstetten bei Heidenheim als Lehrersohn. Von 1845 bis 1849 lebt er in Steinheim am Albuch. Er soll zuerst auch Lehrer werden, doch es ergibt sich überraschend die Möglichkeit einer kaufmännischen Ausbildung in einer »Handlung«. Er kommt 1854 beruflich als »Handlungsbeflissener« wegen »Engagement« nach Ravensburg zur Firma Zwerger, Deffner & Weiss (Gardinenstickerei und Handweberei). Er ist für Kontor und Magazin-Arbeiten zuständig. Nach einem Jahr ist er auf Geschäftsreisen in Süddeutschland unterwegs, später auch im Rheinland. Er geht 1858 für zehn Jahre nach Grevenbroich ins Rheinland und ist dort, nach eigenen Aussagen, 10 Jahre in angenehmer Stellung, wobei er die letzten zwei Jahre stiller Teilhaber ist. Da wird er wohl was gespart haben und das in die Firma eingebracht haben. Er reist auch von dort durch ganz Deutschland und Österreich. Bei einem Besuch in Ravensburg verlobt er sich mit der Tochter Eugenie des früheren Chefs und Teilhabers W.A.Weiss und lässt sich dann endgültig als Associe im Geschäft seines Schwiegervaters Weiss dort 1868 nieder. Nach kurzer Ehe stirbt seine Frau 1868 an Typhus.

1871 heiratet er Frida, Tochter von Baurat Grund. Mit ihr hat er neun Kinder, davon sechs lebend. In der Folgezeit betreibt er 25 Jahre lang zusammen mit seinem Schwager eine Gardinen- und Weisswaren-Fabrikation. Erst mit 65 Jahren wird er 1900 Alleineigentümer, nimmt dann später zwei seiner Söhne mit Prokura herein, übergibt die Firma an diese aber erst 1916, also mit 81 Jahren.

Er muss wohl zum einen großen Fleiß, Schaffenskraft, Intelligenz und Interesse an vielen Dingen gehabt haben. Aber er muss auch genügend Zeit für seine Hobbys gehabt haben, wo er es zu großer Vervollkommnung brachte, die einen Vergleich mit studierten Leuten nicht zu scheuen brauchte. So brachte er sich selbst Griechisch, Latein und Geologie bei. Dies hat er sich durch Bücher, Schriftwechsel und Besuch von Vortragsveranstaltungen erworben. Er hatte neben den Naturwissenschaften Freude an Musik und Dichtung und schrieb neben Gelegenheitsdichtung ein Drama: *Kaiser Philipp von Schwaben-Hohenstaufen* (1903) und ein Schauspiel mit historischem Inhalt.
Er muss sehr kontaktfreudig und organisatorisch begabt gewesen sein, denn es ist brieflich und an Hand von Zeitungsausschnitten belegt, dass er Kontakt zu vielen, vor allem hochstehenden naturwissenschaftlich gebildeten und interessierten Leuten in Oberschwaben und im Bodenseegebiet hatte, ebenso mit vielen Wissenschaftlern, vor allem aus Württemberg. Er organisierte Tagungen des »Vaterländischen Naturkundevereins Württemberg« und des »Bodensee-Geschichts-Vereins«. Dabei stand Naturkunde, vor allem Geologie, ganz oben.

Familienfoto, aufgenommen im Juni 1914
hintere Reihe: Friedrich Krauß mit Tochter Maria und Sohn Karl
vordere Reihe: Tochter Elfriede (genannt Ella) und Frida Krauß

Er wurde kurz vor seinem Tod zum Ehrenvorsitzenden seines geliebten »Ravensburger Naturkundevereins« ernannt. Ebenso erhielt er als Anerkennung für seine historische und geografische Tätigkeit vom »Verein für die Geschichte des Bodensees und seiner Vorlande« die Ehrenmitgliedschaft, ebenso vom »Vaterländischen Naturkundeverein Württemberg«.

Er starb am 8. Dezember 1921 nach einem langen und erfüllten Leben 86-jährig in Ravensburg. Von der Beerdigung wurde berichtet, dass man ihn im Nachruf »als Pionier der Naturkunde in Oberschwaben« bezeichnete.

Seine Passion

Die Geschichte seiner Heimat und die Naturwissenschaften
In ganz Deutschland, so auch in Oberschwaben, gab es in der damaligen Zeit viele Menschen, die Sinnfindung durch Beschäftigung mit der Geschichte, der Heimat und der Natur suchten. Damals waren viele gebildete Menschen Mitglied in diesen Geschichts- und Naturkunde-Vereinen. Krauß wird wohl schon in Söhnstetten und Steinheim mit Versteinerungen (Fossilien) in Berührung gekommen sein. Und möglicherweise hat auch sein Vater den Grundstock für sein späteres Naturinteresse geweckt.
Bei seinen späteren Reisen kam er sicher leicht an Fossilien der Schwäbischen Alb, an Steinzeitfunde vom Bodenseeufer, an Molassefunde (Geschiebe, Knochen, Zähne) in der Umgebung von Ravensburg.
Und: Da war die Kiesgrube direkt hinter seinem Haus in Ravensburg! Sie war als Seitenmoräne des Rheingletschers besonders ergiebig.
Die Eiszeit war es, die nicht nur ihn faszinierte, sondern auch eine Reihe von bekannten Wissenschaftlern: Prof. Dr. Albrecht von Penk (Eiszeitgeologe, Berlin), Prof. Dr. Konrad von Miller, Prof. Dr. Oscar von Fraas und Sohn Prof. Dr. Eberhard von Fraas (Kustoden des Königlichen Naturalien-Cabinetts in Stuttgart). Da war Pfarrer Dr. Probst, Pfarrer Dr. Engel, Dr. Eberhard Graf von Zeppelin und sein Bruder Dr. Max Graf von Zeppelin (Hofmarschall und königlicher Kammerherr in Stuttgart). Mit ihnen allen tauschte er Gedanken und auch Funde aus.
Krauß entwickelte sich zum Spezialisten für eiszeitliche Geschiebe, also Gesteine, die ihre Herkunft viel weiter oben vom Pfänder bei Bregenz in Richtung Alpenhauptkamm (also St. Gotthard) hatten und die dann durch die Eiszeit in Richtung Oberschwaben und Schwarzwald geschoben wurden, wo sie dann endgültig in unseren Kiesgruben zur Geltung kommen.
Dass Krauß selber sammelte, bezeugen seine Kinder und Enkel. Natürlich in seiner Kiesgrube!
Wie man aber in dieser Zeit sammelte, bezeugt das Archiv über Pfar-

rer Dr. Probst in Biberach (Riß): So konnte man für ein Vesper oder eine Maß Bier für den Finder alle gefundenen Objekte mitnehmen! Oder er beschäftigte seine Pfarrkinder mit Sammeln und Waschen. Man »ließ« also auch sammeln! Durch Tausch mit den damals beliebten »Eiszeit-Zeugen« bekam er andere Gesteine, Mineralien und Fossilien. So entstand im Laufe der Zeit eine beachtliche Sammlung, vor allem Fossilien, dann Gesteine sowie Molasse und Steinzeit-Werkzeuge und Mineralien. Er sammelte in erster Linie Fossilien des Wiener Beckens, die er wahrscheinlich über seinen Schwiegervater und seinen Schwager Baurat Julius Grund aus Wien bekam. An zweiter Stelle kamen Fossilien der Schwäbischen Alb, dann die Molasse-Funde (Kiesel) des Rhein-Gletschers, Fossilien Böhmens und Solnhofens.
In seinen Hinterlassenschaften finden sich zahlreiche Zeitungsausschnitte vor allem naturwissenschaftlichen Inhalts, die seine Interessen kennzeichnen: Geologie, vor allem Paläontologie, Gletscherkunde, Erdwissenschaften allgemein, die Erdzeitalter, Wetterkunde (Föhn und Lichterscheinungen).
Er hielt zahllose Vorträge und publizierte zwei Artikel mit wissenschaftlichem Anspruch in den »Schriften des Vereins für die Geschichte des Bodensees und seiner Umgebung«, und zwar einmal 1899 über den Föhn in den Voralpen-Gebieten und 1909 über das Geschiebe des eiszeitlichen Rheintalgletschers.
Dann schrieb er 1899 auf Anregung seiner Freunde sein wissenschaftliches Vermächtnis in einem viel Quellenstudium erfordernden Buch: *Die Eiszeit und die Theorien über die Ursachen derselben.*

Seine Vereine und das Museum

Der »Oberschwäbische Zweigverein des Vaterländischen Naturkundevereins in Württemberg« wurde 1874 gegründet. Johann Krauß war von 1902 bis 1908 dessen Vorstand. 1887 war er Mitbegründer des »Kunst- und Altertums-Vereins« in Ravensburg und 1893 entscheidend an der Gründung des »Naturkunde Vereins in Ravensburg« beteiligt. 1895 wird er als dessen Geschäftsführer bezeichnet, von 1908 bis 1920 war er dessen Vorstand. Der Hauptverein (gegründet 1848) besteht noch heute als »Gesellschaft für Naturkunde in Württemberg«.
Organisieren konnte er gut. So war er Hauptorganisator mehrerer Jahres-

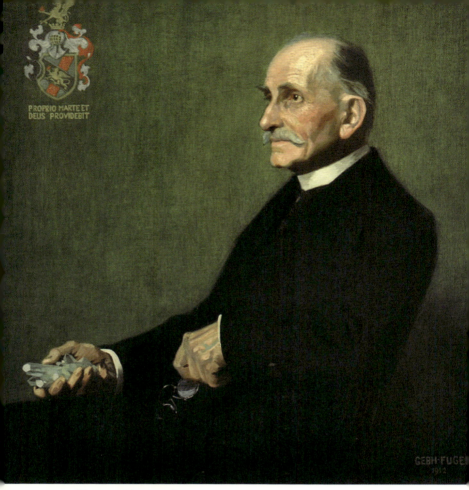

Gemälde von Gebhard Fugel, 1912

treffen des württembergischen Naturkundevereins und des Bodensee-Geschichtsvereins.

1910 tat man sich mit dem Kunst- und Altertums-Verein Ravensburg zusammen und erreichte von der Stadt, dass man der Ausgestaltung eines entsprechenden Museums im »alten Theater« zustimmte: »Das Naturkunde-, Kunst- und Altertums-Museum«. Vorher schenkte Krauß einen großen Teil seiner »wertvollen und reichhaltigen geologischen Sammlungen, nämlich 5000 bis 6000 Stück«, dem Naturkundeverein. Krauß war dann auch der Museumsvater bis zu seinem Tode.

Es gibt Bilder vom Museum, die zeigen, dass es nicht ein Museum im heutigen Sinne war, sondern eher eine naturkundliche Kuriositätenkammer.

Die Sammlungen und ihre Geschichte

Die geologische Sammlung des Museums:

Es gab wohl insgesamt 6000 bis 7000 geologische und mineralogische Objekte, die von Johann Krauß über 55 Seiten hinweg in einem *Führer durch die Naturalien-, Kunst- und Altertumssammlungen in Ravensburg* (1910) beschrieben sind.
Irgendwann nach dem Krieg ist ein Teil der Sammlung in den Besitz der Kaufmännischen (Humpis)-Schule Ravensburg gekommen und dort seit 1976 im Keller der Schule zu finden.
Der Hauptteil der ehemaligen Museums-Sammlung, acht Original-Schränke von 1910, befindet sich im Keller des Welfen-Gymnasiums in Ravensburg.
Die Paläontologie ist überraschend gut vertreten und fast vollständig etikettiert. Das älteste Sammlungsstück ist ein geschenkter Ammonit von 1810 in einem guten Zustand, was man nicht von allen Exemplaren behaupten kann.

Die Privat-Sammlung:

Schöne Stücke aus der Privat-Sammlung sind an das Kloster Weingarten gegangen. Die jetzige Klostersammlung war auch für mich nur schwer zugänglich. Es waren keine Krauß'schen Fossilien dabei! Die Klostersammlung befindet sich seit der Auflösung des Konvents im Museum in Trossingen.

Die Sammlung der Pädogogischen Hochschule Weingarten:

Wahrscheinlich kam sie nach dem Tode von Sohn Walter Krauß (1957), der die Sammlung weiterbetrieben hatte, in den Kohlenkeller der Hochschule. 1964 wurde sie von Prof. Dr. Köhler von der Pädagogischen Hochschule Weingarten für den Fachbereich Geografie gekauft. 1972 fand sie im »Fruchtkasten« unter dem Dach ihre dauerhafte Bleibe.

Winfried Reiff   Elmar Heizmann

Obwohl die beiden Wissenschaftler Reiff und Heizmann nie in Steinheim wohnten, gingen sie dank ihrer Forschungen im Steinheimer Becken doch hier ein und aus. In zahlreichen Publikationen, Vorträgen, Führungen und Exkursionen haben sie zur Verbreitung des Wissens um den weltbekannten Meteorkrater (Reiff) und seiner ebenso bedeutenden tertiären Fundstelle (Heizmann) beigetragen. Gemeinsam erarbeiteten sie unter Mitwirkung von Eberhard Stabenow das reich illustrierte Buch Der Steinheimer Meteorkrater (2002) sowie die aufschlussreiche Broschüre Der geologische Lehrpfad im Steinheimer Meteorkrater (2007), beide erschienen im Pfeil-Verlag München. Auch waren sie beide ganz maßgeblich an der Planung und Umsetzung des Meteorkratermuseums beteiligt.

Veröffentlichungen

- Heizmann, Elmar P. und Reiff, Winfried: Der Steinheimer Meteorkrater, Dr. Friedrich Pfeil Verlag, München 2002
- Heizmann, Elmar P. und Reiff, Winfried: Der geologische Lehrpfad im Steinheimer Meteorkrater, Dr. Friedrich Pfeil Verlag, München 2007
- Heizmann, Elmar P.: Erdgeschichte mitteleuropäischer Regionen II, Vom Schwarzwald zum Ries, Dr. Friedrich Pfeil Verlag, München 1998

Dieter Eisele

Winfried Reiff 1930-2014

Winfried Reiff wurde 1930 in Stuttgart geboren. Er empfand Steinheim stets als zweite Heimat, seit er als Student zu forschen begann und mit seiner Doktorarbeit zum Thema »Geologie des Albuchs und der Heidenheimer Alb« beschäftigt war. Als 27-Jähriger ließ er sich sogar in der Steinheimer Peterskirche taufen. Anhand von 30 Tiefbohrungen, die tiefste bis 603 Meter, erbrachte er den endgültigen Nachweis, dass das Steinheimer Becken durch den Einschlag eines Meteoriten entstanden ist. Der zum Leitenden Direktor des Geologischen Landesamtes Stuttgart Berufene wurde vom Gemeinderat Steinheim 1995 zum Ehrenbürger ernannt. Er starb am 22. August 2014.

Elmar P. J. Heizmann

Elmar Heizmann wurde 1943 in Freiburg geboren. In Basel studierte er Zoologie und Paläontologie. Schon als Student befasste er sich intensiv mit den in den Steinheimer Sandgruben ergrabenen Funden aus der Tertiärzeit, die ihn nicht mehr losließen. Seine Doktorarbeit schrieb er über »Die Carnivoren (Raubtiere) des Steinheimer Beckens«, veröffentlicht in der *Paläontographika*. In der Reihe Erdgeschichte mitteleuropäischer Regionen brachte er 1998 den zweiten Band *Vom Schwarzwald zum Ries* mit einem großen Kapitel auch über Steinheim heraus. Elmar Heizmann war maßgebend an den Bemühungen zur Anerkennung der Schwäbischen Alb als »Geopark« beteiligt und wurde zu dessen Erstem Beiratsvorsitzenden berufen. Im Hauptberuf war er Abteilungsleiter für die Paläontologie beim Staatlichen Museum für Naturkunde in Stuttgart. Der Gemeinderat Steinheim ehrte ihn mit der Verleihung der Ehrennadel der Gemeinde.

Joseph.

Die gantze Historia von dem frommen vnd keuschen Joseph/ wie er von seinen Brüdern verkaufft/ vnnd die Kinder Israel in Egypten kommen sind. Nach Biblischem Text mit allen Vmbstenden/ in ein schöne/ Christliche vnnd nutzliche Comœdiam

Erstlich gestelt durch Christianum Zyrln/ Schulmeistern zu Weissenburg am Rhein.

Jetzund auß des Ehrwürdigen vnnd Hochgelehrten Herrn D. Egidij Hunnij Lateinischer Comœdi gemehrt vnnd gebessert/

Durch M. Johann Schlayß/ Diaconum zu Oettingen Schloßberg.

Getruckt zu Tübingen bey Georg Gruppenbach Anno/ 1593.

Martin Kreder

Johannes Schlayß 1563(?)-1637

Magister Johannes Schlayß aus Söhnstetten

In der Region Heidenheim gibt es zum Dreißigjährigen Krieg (1618-1648) nur wenige Aufzeichnungen von selbst erlebten Ereignissen. Das vom Schuhmacher Johannes Heberle 1618 begonnene »Zeytregister« und die chronologische Eintragungen des in Söhnstetten gebürtigen Johannes Schlayß, seinerzeit Pfarrer in Gerstetten und danach in Schnaitheim, bilden eine Ausnahme

Johannes Schlayß mag um 1563 im nahen Söhnstetten geboren sein. 1587 war er in Tübingen als Theologiestudent eingeschrieben und 1589 wird er als Magister genannt. In Dettingen/Teck trat er als Diakon auf, und dort schrieb er die dramatische »Geschichte Josephs«, die »getruckt zu Tübingen bey Georg Gruppenbach Anno 1593« vorliegt. Es ist *Die gantze Historia von dem frommen und keuschen Joseph, wie er von seinen Brüdern verkaufft unnd die Kinder Israel in Egypten kommen sind.*

Offensichtlich hatte Johannes Schlayß große Freude am Erzählen und Berichten, was sich dann auch in den von ihm besonders ausführlich geschriebenen Kirchenbüchern niederschlug. 1595 amtete er als Pfarrer in Holzheim, ab 1600 in Gussenstadt, und in Gerstetten findet sich sein erster Eintrag am 15. September 1606. Schlayß hatte insgesamt 12 Kinder, und noch heute stammen viele Gerstetter und Schnaitheimer Bewohner von ihm ab.

Als gebürtigem Ostälbler waren Schlayß selbstverständlich die örtlichen Gegebenheiten des Heidenheimer Landes vertraut. So notierte er in seiner Chronik, die von 1622 bis 1634 reicht, alle für ihn interessanten und wichtigen Ereignisse, die uns heute einen interessanten Einblick in das Leben der damaligen hiesigen Bevölkerung geben, was sich gleich an den 1622 notierten Preisen zeigt: »Ein Metz Salz 1 fl. (Gulden)«, der Wein wurde um 13 Bz. (Batzen) geschenkt, 1 Pfd. Fleisch kostete 4 Bz., 1 Pfd. Zwetschgen 10 Bz. und »umb und nach Martini hat 1 Simri Korn zu Geislingen zween Gulden gut Geld golten, die Gersten 16 Bz., ein Scheffel Habern zwei Reichstaler«.

Ab 1624 wird die Zeit brutaler, da »... ist Linhart Dachs, der Baur zu Neusselhalden zu Söhnstetten in des Metzgers Balthes Farions Behausung von Claus Badern ... durchstochen worden ... ihme eine schwere Geldstraf geben müssen ... den 26. Aprilis Anno 1626 ist Johann Koch, der Forstmeister zu Schnaitheim, nachdem die Musterung in Heidenheim fürüber und meine Herrn ein gut'n Rausch trunken und er, Forstmeister, heimreiten wöllen, ist sein Gaul nahend beim Thor mit ihm umbgeschlagen, daß er kein Wort mehr reden können und selbige Nacht gestorben«.

Ebenfalls mit forstlich-jagdlicher Thematik findet sich zwei Jahre später, 1627, die Bemerkung: »... in diesem Jahr ist nach Lichtmeß ein schneeweißer Hirsch von unsres gnädigen Fürsten und Herrn Jägern in der Gegend bei St. Stephan gegen Giengen gefangen und naher Stuttgart geführt worden. Hat sich zu Tod gefallen.«

Kriegerische Einträge werden 1628 in unserer Gegend häufiger: »Freitags den 29. Februar haben etlich 100 Reiter Königsbronn, Schnaitheim, Aufhausen, Mergelstetten, Bolen feindlich angefallen, alles in gemeldten Orten geraubet und geplündert, dem Herrn Forstmeister, alten Forstmeisterin, dem Herrn Pfarrern, wie auch dem Junkern zu Schnaitheim ihre beste Fahrnuß geraubet. Zu Schnaitheim haben sie einem Bauern, der Stöckenschneider genannt, 4 Ross genommen, welcher sich mannlich gewehret, mit harter Müh die erste abtrieben; letzlich von vielen Reitern übermannet, ist er mit vielen Schüssen darniedergeleget, letzlich jämmerlich ums Leben gebracht worden ... Sonntag den 6. Julli sein wir, Gott Lob und Dank, dieser Reiter abkommen und selbigen folgenden Montags zu Söhnstetten abgedankt, der Sach gegeben und jedem nach Heimat zu ziehen angezeigt worden.« Im August »sein viel tausend Soldaten mehrer Teils Fußvolk zu Steinheim, Sontheim und Söhnstetten gelegen, ziemlichen Mutwillen getrieben, den Leuten das Ihrige weggenommen«.

Im März 1630 berichtet er über »eine starke compagnia zu Steinheim, Schnaitheim, Söhnstetten, Gussenstadt, Heldenfingen, Heuchlingen und Dettingen, welche von gesagten Orten dahin geschickt worden; wann sie aufbrechen werden, wissen wir nit. Es hat jedermann gnug ihrer und wünschten, sie wären, wo der Pfeffer wächst; treiben wahrlich großen Mutwillen.«

Anfangs des Jahres 1631 werden die Reiter des Rittmeisters Keller genannt, die »zu Schnaitheim einquartiert gwesen; wie sie sich alldorten gehalten, weiß ich nit; man hat aber selbigen nit getrauet. Darumb am Freitag erst gegen Abend unsere Musquetierer 50 Mann hinaus gemüßt und us dem Heidenheimer Amt uf 400 Mann zusammen nach Heidenheim und Schnaitheim gezogen, damit man den einquartierten Reitern zu Schnaitheim, so sie Gwalt brauchen, uf der Hauben sein möchte, Unsere Leut sein Sambstags ... nach Mittag wieder heimkommen.«
Die einfachen Leute hatten natürlich die einquartierten Soldaten mit zu versorgen. Niemand kann sich heute noch ein Bild von diesen Ungerechtigkeiten und Beschwernissen machen, die den Landleuten widerfuhren, wovon folgender Satz vom 24. Juli zeugt: »... haben die zu Steinheim, Sontheim, Schnaitheim wohl uf die 14 Fahnen haben müssen; sein die Leut mehrer Teils us dem Flecken geflohen; haben den Leuten das Ihrige genommen, die Früchten übel verderbt.«
Für die leidende Schnaitheimer Bevölkerung war es gleich, ob Freund oder Feind im Ort war. Sowohl die feindlichen katholischen Truppen, wie auch die verbündeten evangelischen Militärs quetschten aus den Ländlern heraus, was nur möglich war. Das Land versorgte den Krieg. Am 6. Februar 1632 »seind die Reiter, so ein zeitlang zu Heubach, Lauterburg, Lautern, Mecklingen und daselbst herumgelegen, hinwegmarschieret, sein zu Stein- und Sontheim, Schnaitheim, Natten, Flehenheim und daselbsten herumb einquartiert gwesen, die Leut schrecklich beschweret, morgens weggezogen und zu Steinheim etlich verharret wegen eines Reiters, so die von Steinheim toter ins Dorf gebracht«.
Fast zwei Jahre später, die ebenfalls durch häufige Besetzungen unterbrochen gewesen sein dürften, heißt es: »Umb den 11., 12., 13. Dezembris (1633) ist Herbrechtingen Hausen, Hirben, Schnaitheim, Natten, Flehnheim und andere Dörfer im Brenzthal rein ausgeplündert worden, welches mehrer Teil die Bürkenfeldische und Hornische Reiter sollen gethan haben.«
Offensichtlich musste der Schnaitheimer Forstmeister seine Kasse öffnen, denn »... dem Forstmeister haben sie an Geld genommen 300 Gulden, ihne bis ufs Hemd ausgezogen«.
Im September 1634 gelang den Kaiserlichen der große Sieg über die schwedisch-württembergischen Truppen bei Nördlingen. So fluteten in der Folgezeit die Truppen der Sieger in den offenen württembergischen Raum. Johannes Schlayß schrieb in Gerstetten noch einige wenige Ein-

träge ins laufende Kirchenbuch und muss im März 1635 den Ort verlassen haben. Gerstetten hatte bis 1649 keinen evangelischen Pfarrer mehr. Der letzte evangelische Pfarrer in Schnaitheim namens Konrad Friderici war im November 1634 gestorben, und nun war Johannes Schlayß für einige Monate dessen Nachfolger. Seine Schrift im Schnaitheimer Kirchenbuch ist eindeutig zu erkennen, und auch die Art und Weise seiner Einträge ist typisch für ihn, schon weil er seinen erzählenden Stil im Totenbuch beibehielt. Am 28. März 1635 schreibt Johannes Schlayß den ersten Todeseintrag ins Schnaitheimer Totenbuch, erwähnt zu Beginn seiner Eintragungen, heute kaum noch erkennbar und unscheinbar, vermutlich für sich selbst: »Abgestorbene Personen und mir M.(agister) Joan Schlayß.«

Für die Schnaitheimer ergibt sich, durch seine fast journalistische Schreibform, ein guter Einblick in die damaligen Begebenheiten, beispielsweise am 16. April, als »... ein jung Gesell von Königsbronn, Hans Eisenschmied, ist bei Aufhausen, als er Krebs gefangen ... ins Wasser gefallen und allelendiglich ertrunken«.
Es waren in diesen Tagen einmal mehr Truppen im Ort, denn »... ein Soldatenknab auch allhier begraben worden.« »Im Juni ward beerdigt ein Wittib, so vor wenigen Tagen von den raubenden Soldaten geschossen und verwundet worden, ist zu Heydenheim alda sie sich currieren lassen, daselbsten gestorben.«
Da die Soldaten sämtliche Nahrungsmittel geraubt hatten, starben die Menschen auch am Hunger. Dies traf auch Teile seiner Familie, die ebenfalls in Schnaitheim weilte, denn er schreibt am 29. Mai 1635: »Mein des Pfarrers Tochter Kind Elisabeth umb die sieben Jahr, stirbt allhier uß Hunger und Mangel, weil wir leider umb all unser Grund kommen und uns gedeyhlicher Nahrung nit haben können.« Dies war also seine Enkelin, ein Kind seiner Tochter, die bereits 1634 in Gerstetten gestorben war. Auch »Stefan Fieg und sein Weib von Aufhausen, gute arme Leuth, sterben beede Hungers«. Die Überlebenden ernährten sich zunächst von den wenigen übriggebliebenen Hunden und Katzen und vom Gras auf den Wiesen, bis die nächste Erntezeit wieder bessere Nahrung bringen sollte.

Im Juli/August 1635 stehen täglich mehrere Verstorbene im Totenbuch, Schlayß schreibt, dass fast alle an der Ruhr gestorben seien. Am 14. Sonntag nach Trinitatis trifft es wieder Schlayß selber: »... als mein al-

Das »Hungerbild« (1817) in der Michaelskirche Schnaitheim,
links der Kirchberg mit Pfarrhaus und Kirche

lerliebster und gehorsamer Sohn Johannes, der Feldscherer, ehrlich zur Erden bestattet worden ...« Er beschreibt in dem außergewöhnlich langen Toteneintrag, dass sein Sohn nach seiner Lehre viele Länder wie Österreich, die Steiermark, Schlesien und Ungarn gesehen und sich der kaiserlichen (katholischen) Armee angeschlossen habe. Schlayß kaufte seinen Sohn für 100 Gulden, eine Riesensumme in diesen Zeiten, aus dem Militärdienst frei. So konnte der Sohn Apollonia Reichlin aus Endersbach heiraten und starb dann doch 27-jährig in Schnaitheim: »... Gott gib ihm ain fröhlich Ufferstehung und uns dermalen ein seelig Sterbstündlin ...«, schreibt Schlayß in seiner ganzen Trauer und Not. Die Zeit lief weiter, und im Dezember 1635 hat »Hans Thummen Witib ir aigen Kind selbst vergraben, der Todtengräber Aichelin genannt, war dazumal uff Reis nach Ulm«. Ebenso war „Hanß Bayers andres Töchterlin Maria umb die 17 Jahr gleicher Gestalt durch Hunger und Kummer gestorben. Haben Haus und Hof, ein großen Garten hinden am Haus und viel gute Gütter gehabt«.

Schlayß ging es schlecht in Schnaitheim – wie den Schnaitheimern selbst in diesem Winter, offensichtlich zieht es ihn ins Remstal. Aber er hat als kirchliche Verwaltung nicht mehr seine herzoglichen Räte in Stuttgart, denn 1635 war die Herrschaft Heidenheim auf kaiserliche Anordnung an Kurbayern gefallen. Also schreibt er mit dem Datum vom 26. Januar 1636 an den neuen katholischen Herrn im Lande: »Allerdurchleüchtigsten Großmächtigsten Fürsten und Herrn Ferdinand III., König zu Ungarn un Böheimb, Ertzherzogen in Österreich, Herzogen zu Steur(mark), Kernten, Krain und Würtemberg, Graven zu Tirol« einen Bittbrief, dass er als armer Kirchendiener in diesem Kriegswesen keine Besoldung hätte und auch seine Gesundheit eingebüßt habe. »Ich habe des Hungers und Mangels halben einem Marterbild ähnlich als ein Mensch anzusehen« – er müsse in Schnaitheim bei seinen undankbaren Zuhörern sonst sterben. Da aber in Plüderhausen bei Schorndorf ein Prediger begehrt würde, den die Plüderhausener auch notdürftig versorgen wollten, wolle er bitten und flehen, dass er von seinem gnädigen Herren dorthin verordnet würde.

In dieser Zeit liefen seine Schnaitheimer Toteneinträge zumindest bis zum 26. Juli 1636 in Schnaitheim weiter. Und die Antwort zu seiner Postille kam dann auch sozusagen postwendend, denn genau zu dieser Zeit wurden alle württembergischen evangelischen Kirchen- und Schuldiener aus ihren Ämtern vertrieben, damit die Einwohnerschaft rekatholisiert würde. Johannes Schlayß, über siebzigjährig, versuchte nun zu seinem Sohn Michael nach Mötzingen am Schwarzwaldrand zu gelangen. Dieser um 1599 geborene Michael Schlayß, ebenfalls Pfarrer, plante dort seine Eheschließung. Man mag dem alten Magister wünschen, dass er es zu seiner Familie geschafft hat. Auf alle Fälle wurde er 74-jährig am 19. Juli 1637 unweit Mötzingen »auf einer Wiese zwischen Herrenberg und dem Filial Häslach« tot aufgefunden.

So darf man sicherlich des fleissigen, gequälten Magisters Johannes Schlayß heute noch gedenken, als einem aufrechten Mann, der mit seiner damaligen historischen Denk- und Schreibweise uns bis heute einen interessanten Einblick in längst vergangene, schmerzliche Zeiten auf der Ostalb vermittelt.

Sofonias Theuß, »chinesische Idylle bei Steinheim«

Adalbert Feiler/Florian Jessensky

Sofonias Theuß 1875–1945

Dieser Text zeichnet die wichtigsten Stationen der Biografie von Sofonias Theuß nach, die ihn bis zu seinem tragischen Tod in der Vollzugsanstalt Berlin-Plötzensee führten. Dafür stützen sich die Autoren neben autobiografischen Aufzeichnungen auf Akten der Strafverfolgungsbehörden des NS-Regimes, die im Staatsarchiv Ludwigsburg und im Bundesarchiv Berlin-Lichterfelde überliefert sind.

Sofonias Theuß hat in den dreißiger und vierziger Jahren des vergangenen Jahrhunderts an einem Lebensbericht gearbeitet, dessen Grundlage sein Tagebuch war, das er seit seiner Reise nach China im Jahr 1900 führte. Er konnte dieses Typoskript noch kurz vor seiner Verhaftung im Jahre 1943 beenden. Eine Schilderung seines Lebens auf Grundlage dieses Dokuments ist bereits im Jahr 1986 beim Verlag der Heidenheimer Zeitung unter dem Titel *Sofonias Theuß, der Einsiedler von Steinheim, genannt China Theuß: Ein Wanderleben zwischen Frieden und Krieg, West und Ost, zwischen Kaiserreich und Diktatur* von Adalbert Feiler herausgegeben worden. Der Historiker Dr. Helmut Weimert, der dieses Buch einführte, sprach berechtigterweise von einer »feilergerasterten« Darstellung der Theuß'schen Persönlichkeit. Denn aus der Vielfalt der schriftlichen Dokumente traf der Herausgeber eine Auswahl, die von seiner subjektiven Sicht auf die Persönlichkeit Sofonias Theuß geprägt war. Zudem konnten mit Rücksichtnahme auf die damals noch lebenden Zeitzeugen und den vom Verlag vorgegebenen Umfang des Buches manche Aspekte, die sicherlich interessant gewesen wären, nicht berücksichtigt werden.

Seit dieser Veröffentlichung vor mehr als 25 Jahren sind neue Quellen erschlossen worden, die insbesondere über die letzten Lebensmonate des Sofonias Theuß Auskunft geben. Vor diesem Hintergrund soll an dieser Stelle die vorhandene Darstellung erweitert und ergänzt werden. Der Lebenslauf des Sofonias Theuß erschien bereits seinen Zeitgenossen ungewöhnlich, ja außergewöhnlich. Sein tragisches Ende gebietet uns heute, ihn nicht in Vergessenheit geraten zu lassen. Die folgenden Zeilen möchten einen Beitrag dazu leisten.

Herkunft und Jugend

Sofonias Theuß wurde am 4. April 1875 in Steinheim am Albuch geboren. Seine Familie ernährte sich von den bescheidenen Erträgen der eigenen Landwirtschaft. Theuß erlebte daher eine für die Mehrheit der Menschen im Deutschland des ausgehenden 19. Jahrhunderts typische Kindheit und Jugend, die geprägt war von harter Arbeit und Armut. Es herrschte zwar allgemeine Schulpflicht, doch vermittelte man in den Volksschulen nur eine sehr begrenzte Form von Bildung – Lesen, Schreiben und die Grundrechenarten. Einen richtigen Beruf lernte er nie. Als Jugendlicher ging er nach Heidenheim in die Cattunmanufaktur als Hilfsarbeiter. Dort entdeckte Theuß seine Liebe für alles Militärische. An Sonntagen, wenn er im hohen Herrschaftshause des Fabrikdirektors Offiziersstiefel bürsten musste, so notierte er rückblickend, »stand vor mir ein Zukunftstraum angesichts dessen meine Hochachtung vor all dem militärischen Glanz ins Grenzenlose und Unbeschreibliche stieg«.
1895 ging sein Traum in Erfüllung. Theuß wurde als einer von nur drei Rekruten seines Jahrgangs für das traditionsreiche 26. königlich-württembergische Dragonerregiment ausgesucht. Zwar war das Kasernenleben in Stuttgart keineswegs so idyllisch, wie der junge Rekrut es sich erträumt hatte. Dennoch fand er hier in seinem Vorgesetzten und späteren Dienstherren, dem damaligen Hauptmann Freiherr Max von Gemmingen-Guttenberg, einen wichtigen Förderer, Mentor und lebenslangen Freund.

**Der Beginn eines Wanderlebens:
Von China bis Deutsch-Südwestafrika**

Von Gemmingen-Guttenberg sorgte für das erste echte »Bildungserlebnis« des jungen Sofonias Theuß. Gemeinsam mit »seinem Hauptmann« wurde Theuß im Jahr 1900 zum Generalstab des Armee-Expeditionskorps unter Generalfeldmarschall Alfred Graf von Waldersee versetzt, das nach China zur Niederschlagung des sogenannten »Boxer-Aufstandes« entsandt wurde. Theuß begleitete Gemmingen als »Zivildiener«. Als solcher war er zwar weiterhin Soldat, aber ausschließlich für die nichtmilitärischen Angelegenheiten seines Herren verantwortlich. Zudem wurde Theuß auf der Reise von Gemmingen angehalten, Tagebuch zu schreiben, was er fortan konsequent tat.

Wilhelm II. hatte seine Soldaten mit der Aufforderung verabschiedet, sich »einen Namen zu machen«, sodass es künftig kein Chinese mehr wagen würde »einen Deutschen auch nur scheel anzusehen«. Theuß bemerkte dazu rückblickend: »In diesem Sinne waren wir vorbereitet als Racheengel zu kommen.« Allerdings kamen die deutschen Truppentransporte erst in China an, als die wesentlichen Kämpfe bereits beendet waren. In der Folgezeit waren nur noch kleinere »Strafexpeditionen« durchzuführen. Aufregende – bisweilen gar gefährliche – Begebenheiten gab es dennoch zur Genüge für Theuß zu notieren. Ein besonders nachhaltiges Erlebnis war der von unachtsamen deutschen Soldaten ausgelöste Großbrand, dem große Teile der legendären »Verbotenen Stadt« zum Opfer fielen. Hier beteiligte sich Theuß an Lösch- und Bergungsarbeiten. Ein Teil der vom Feuer betroffenen Kunstschätze, die geborgen werden konnten, wurde von der deutschen Militärverwaltung für die Brandhelfer freigegeben. So begann Theuß damit, eine eigene Sammlung chinesischer Kunstwerke anzulegen. Bereits auf dem Marsch nach Peking hatte er einige schöne Stücke mit seinem »letzten verfügbaren Cent« gekauft. Gemmingen unterstützte den jungen Sammler, indem er für den Transport der Stücke nach Deutschland im zollfreien Generalstabsgepäck sorgte. Doch nicht nur für die Kultur seines unfreiwilligen »Gastlandes« interessierte Theuß sich, auch Natur und Bevölkerung faszinierten ihn. So wurde die Reise nach China zu dem zentralen Erlebnis und Orientierungspunkt seines Lebens – auch wenn der Aufenthalt dort insgesamt nur wenige Monate dauerte. Am 6. August 1901 betrat Theuß wieder deutschen Boden. Doch sollte die Reise nach China nicht seine einzige außereuropäische Erfahrung bleiben. Wenige Jahre später, wieder in Stuttgart, mehr als Hausverwalter Gemmingens denn als sein »Bursche«, wo Theuß Schreibmaschine, Fotoapparat und Fahrrad kennenlernte, fragte ihn sein Dienstherr, ob er ihn auch in die Kolonie Deutsch-Südwestafrika (heute Namibia) begleiten würde. Dort war es im Frühjahr 1904 zum Aufstand der Herero gegen die deutschen Kolonialherren gekommen, dem sich im Oktober 1904 die Volksgruppe der Nama anschloss. Die deutschen Kolonialherren reagierten mit einem gnadenlosen Vernichtungsfeldzug gegen die indigene Bevölkerung. In der Folge sahen sie sich gezwungen, ihre kleine Freiwilligenarmee in Südwestafrika, die sogenannte »Schutztruppe«, in kürzester Zeit um mehrere tausend Mann zu verstärken. Eine große Zahl von Freiwilligen wurde nun gebraucht. Von Gemmingen und Theuß bot sich damit die Chance, Deutschland erneut zu

verlassen. »Einen wirklichen zwingenden Grund [zu gehen]«, schrieb Theuß, »hatte von uns beiden Soldaten keiner, höchstens, dass sich der Major [Gemmingen] an der aufgeblähten, überspannten menschlichen Gesellschaft in Europa und am deutschen Paradedrill in der Heimat [...] einen gewissen Abscheu angelebt hatte.«
Das königlich-württembergische Kriegsministerium aber genehmigte von Gemmingens Antrag auf Versetzung zur »Schutztruppe« nicht. Daraufhin überwarf sich der Freiherr mit seinen Vorgesetzten und zog seinen Soldatenrock für immer aus. Von Gemmingen arbeitete fortan für die Zeppelinwerke. Zuvor unterstützte er jedoch den Versetzungsantrag seines Burschen. So kam es, dass Theuß Ende Oktober 1904 ohne von Gemmingen mit dem Motorschiff »Gertrud Woermann« als Freiwilliger nach Deutsch-Südwestafrika fuhr. Auch »Südwest« hinterließ bleibende Eindrücke bei Theuß, sodass er zunächst sogar mit dem Gedanken spielte, sich dauerhaft in der Kolonie niederzulassen. Doch ließ eine Erkrankung diese Pläne scheitern. In der Folge musste der Sergeant Theuß in Warmbad die Munitions- und Kleiderkammer verwalten und das Amt des Militär-Arrests und des Totengräbers versehen. Am 31. Juli 1906 wurde Theuß aus dem Militärdienst entlassen, nachdem er felddienstunfähig in die Heimat zurückgekehrt war. Die Zeit nach seinem Einsatz in Deutsch-Südwestafrika bis zum Ausbruch des Ersten Weltkrieges verbrachte Theuß auf dem kleinen Bauernhof seiner Eltern, nahe der Steinheimer Peterskirche. Dabei versuchte er, durch Hundedressur ein kleines Zubrot zu seiner Rente zu erwerben.

»Der Hundekrieg« – Theuß im Ersten Weltkrieg

Theuß beurteilte bereits bei Kriegsausbruch im Sommer 1914 die Aussichten auf einen deutschen Sieg weitaus skeptischer als viele seiner patriotisch-verblendeten Zeitgenossen, die sich bereits auf dem Weg nach Paris wähnten. Dennoch blieb Theuß dem Militär treu verbunden und verstand sich als Patriot. Auch das Zusammenleben der pietistischen Dörfler mit dem weitgereisten Eigenbrötler gestaltete sich alles andere als einfach. Daher meldete sich Theuß schließlich erneut zum Militärdienst. Er wurde Kranken-Transportführer als Sergeant in der Ersatzkompagnie Nr. 2 der Königlich-Bayerischen Ersatz-Division bei Verdun. Auch hier notierte Theuß sich seine Eindrücke: »Das waren für mich in jener

Bei Buxieres, Verdun

bösen Kriegszeit unvergessliche Tage, wenn ich als Transportführer mit den Krankenwagen, den Pferdegespannen, von Dorf zu Dorf, von einem Feldlazarett zum andern mit den kranken Soldaten hausieren musste, bis sie alle aus der Kampfzone in das Hinterland befördert waren – ... mitunter löste sich der primitive Verband bei der schaukelnden Berg- und Talfahrt auf einer Fahrbahn mit tiefen Schlaglöchern – das Blut sickerte durch das nasse Lagerstroh bis auf den Wagen durch – Tropfen für Tropfen, wie es die Herzmuskeln hergaben, bis der Herzschlag erlöschte.«
Mit zunehmender Kriegsdauer wurden Theuß' Einschätzungen der Lage immer pessimistischer. Der Krieg bewirkte bei Theuß einen tiefgreifenden Einstellungswandel: Seine Verehrung für alles Militärische, die zuvor eine zentrale Säule seines Weltbildes gewesen war, geriet ins Wanken. Aus Bewunderung wurde nun Ablehnung. Über den wichtigsten patriotischen Feiertag des Kaiserreiches notierte er 1916: »Sedan! Der historische Tag vom 3. September, an dem jedes Jahr die glorreiche Waffentat des deutschen Heeres von 1870/1871 öffentlich als Kinderfest gefeiert wurde – der Sedanstag! Diese ehemalige, bescheidene Sedan-Propaganda in meinem Heimatdorf gab mir wohl in meiner Jugend jene militärische Begeisterung, jenen patriotischen Auftrieb mit auf den Lebensweg. Doch

von all dem Heldenwahne, der ehemaligen Kampfbegeisterung, bin ich angesichts der blutigen Kämpfe an der Westfront vor Verdun gründlich geheilt und kuriert, wo sich in mir unter dem Drange der Zeitereignisse ein wahrer Ekel gegen alles militärische Heldenspiel und jeden Heldenschwindel aufgebäumt hat, der alles in mir begraben, was mich einst in meiner Jugend so begeistert und von dem ich geträumt hatte.«
Daher war Theuß auch alles andere als unglücklich, als er an eben jenem Tag den Dienst erneut quittieren musste:
»Schluss – und damit basta – für mich hat der Hundekrieg ein Ende.«
Wieder war es seine angeschlagene Gesundheit, die ihn dazu zwang, das Militär zu verlassen. Am 4. April 1917, seinem 42. Geburtstag, quittierte er endgültig den Militärdienst.

Theuß versucht, sich in die Nachkriegszeit einzuleben

Obwohl er den Krieg und das Militär mittlerweile verachtete, waren die Niederlage und die Auflösung des Kaiserreiches für ihn, wie für die Mehrheit seiner Landsleute, ein Schock. Er notierte:
»... so kamen dann die schwarzen Novembertage von 1918, wo das für mich ganz Unvorstellbare geschehen konnte: Deutsche Generale im Großen Hauptquartier berieten den Kaiser und Monarchen zur Fahnenflucht nach Holland. ... jedem alten Soldaten muss dies unverständlich bleiben, nachdem ihm ... die Kriegsartikel, insbesondere Artikel 9, so oft und eindrucksvoll verlesen und eingehämmert wurden.« Nachdem die Erlebnisse an der Front seine Liebe für das Militär in Ekel und Verachtung umkehrten, war nun auch die zweite Säule seines Weltbilds, die Monarchie, zusammengebrochen.
Theuß war nach dem Ende seines Dienstes jetzt, wie auch schon nach seiner Zeit in »Südwest«, Militärrentenempfänger und half auf dem Anwesen seiner Eltern in der Landwirtschaft. Dennoch blieb er weiterhin für die Welt außerhalb seines dörflichen Lebens interessiert. Er hielt Kontakt zu seinen Bekannten aus früherer Zeit im ganzen Reich und pflegte regen Schriftwechsel mit Verlagen und Kunsthäusern von Dresden bis München. Diese Kontakte und seine eigenen Erfahrungen in China ließen ihn sich dem Buddhismus zuwenden, ohne jedoch mit dem Christentum zu brechen. Ein schwerer Schlag war mit Sicherheit der frühe Tod seines väterlichen Freundes Max von Gemmingen im Sommer 1924.

Besuch aus der Stadt

Sofonias Theuß mit seiner Yucca-Zucht

Anfang der 20er Jahre waren infolge der Hyperinflation viele Menschen gezwungen, ihren Besitz teilweise weit unter ihrem Wert zu veräußern. Vermutlich vor diesem Hintergrund bot sich für Theuß, der alles andere als wohlhabend war, die Möglichkeit, ein altes Häuschen am Rande des Steinheimer Beckens zu erwerben. Dort richtete er sich »wie in einem Museum« ein, lebte neben seiner Militärrente von den Erträgen seines Gartens sowie seiner Hühner und Bienen. Einsam war er sicher nicht, zumindest an Sonntagen erhielt er »aus der Stadt« Besuche. Theuß schrieb fortan auf seiner alten Schreibmaschine seinen »Militärroman«, wobei er fast wörtlich seine Tagebuchnotizen verarbeitete. Auch aktuelle politische Situationen arbeitete er ein und kommentierte sie. Daneben widmete er sich der Tier- und Pflanzenzucht.

Aus dem Weltkrieg war Theuß als Pazifist heimgekehrt. Die Überzeugung, dass Krieg und Militarismus nur zu weiterem Leid und Unglück führen, war es schließlich, die ihn zu einem Gegner der nationalsozialistischen Bewegung werden ließ, deren selbsternannter »Führer« die Wiederaufrüstung und militärische Expansion Deutschlands propagierte. Bereits im Jahre 1928 schrieb Theuß an »den Wanderredner Adolf Hitler« im »Hotel Hakenkreuz«: »Bitte nicht feige sind wir Pazifisten, sondern aufrichtig und wahrheitsliebend und zudem wohlmeinende Berater fürs zukünftige Welt- und Völkerwohl. Merken Sie sich das für ihre ferne Zukunft!« Gleichwohl stand Theuß der Machtübernahme Hitlers zumindest anfangs nicht ablehnend gegenüber. Sehnte er sich doch, wie viele Zeitgenossen, nach einer autoritären Führungsfigur, die für »Ruhe und Ordnung« sorgte. Erst als sich abzeichnete, dass Hitler auch als »Staatsmann« seinen Kriegskurs weiterverfolgen würde und das NS-Regime in immer mehr Bereiche des Privatlebens vorzudringen suchte, wandte sich Theuß mit offener Verachtung gegen das System. Seine Besuche im Dorf bei Freunden und Verwandten wurden damit immer mehr zur Gefahr für die Besuchten. Denn Theuß kritisierte in seinen Gesprächen über die militärische und politische Lage das NS-Regime, ohne ein Blatt vor den Mund zu nehmen. Doch es schien über lange Zeit so, als genösse er in Steinheim, selbst bei den lokalen Funktionären des Regimes, noch einen gewissen Toleranzspielraum. Jedenfalls ließen ihn über etwa ein Jahrzehnt Polizei und Gestapo unbehelligt.

Opfer des NS-Verfolgungsapparates

Zum Verhängnis wurde Sofonias Theuß ein Besuch von außerhalb. Zwei Heidenheimer Hitlerjungen kamen im August 1943 an seine alte Klause, um sich die theußsche Sammlung anzusehen. Bei dieser Gelegenheit unterhielt sich Theuß mit den Hitlerjungen »über Krieg und Politik«. Dabei habe Theuß geäußert: »Als der Führer 1933 an die Macht gekommen sei, habe er [Theuß] gewusst, dass es zu einem neuen Weltkrieg kommen werde. [...] Der Führer sei nicht mehr ganz normal. Die Versprechungen der Regierung seien Lug und Trug.« Außerdem habe Theuß bekundet: »Seit die Nazi die braune Uniform trügen, ziehe er seine Afrikauniform nicht mehr an.« Abschließend habe Theuß gesagt: »Der Krieg in Afrika sei im Herbst zu unseren Ungunsten ausgegangen.« So zumindest werden die Vorgänge im Gerichtsurteil des Oberlandesgerichts Stuttgart vom 5. Mai 1944 wiedergegeben. Zudem hatten die Gestapo-Beamten nach seiner Verhaftung Schriften »zersetzenden Inhalts« bei Theuß gefunden, in denen er an seine Adressaten appellierte, die Waffen niederzulegen, und über die Regierung schimpfte. Die Generalstaatsanwaltschaft Stuttgart erhob daraufhin Anklage gegen ihn. Theuß wurde vorgeworfen, durch seine Äußerungen dem Ansehen des »Führers« und des Reiches geschadet und den Willen des deutschen Volkes «zur wehrhaften Selbstbehauptung« untergraben zu haben.

Unter den verschärften Bedingungen des Kriegsrechts, innerhalb eines ohnehin von Unrecht und Willkür gekennzeichneten Justizsystems, wogen diese Vorwürfe so schwer, dass sie jeden Angeklagten in höchste Lebensgefahr brachten. Dennoch kam Theuß zunächst glimpflich davon: Die Stuttgarter Richter verurteilten ihn zu zwei Jahren Gefängnis und ordneten die Einziehung seiner Schreibmaschine an. Die Richter sahen Sofonias Theuß als eine »verschrobene, senile Persönlichkeit, die im allgemeinen von niemandem ernst genommen wird«. Dies war zunächst sein Glück.

Auch im Strafvollzug hatte Theuß anfangs Glück im Unglück. Er kam ins Gefängnis nach Ulm. Dort arbeitete er in der Küche. Auf Gesuch seines Strafverteidigers gewährte man ihm schließlich sogar eine Unterbrechung des Strafvollzugs, damit er sich um seine Bienenzucht kümmern konnte. Dass dieser Antrag ausdrücklich vom Kreisbauernführer Heidenheim »mit Rücksicht auf die Belange der Ernährungswirtschaft« befürwortet wurde, zeigt, dass er immer noch die Gunst lokaler Funktionäre besaß.

Doch niemand war im NS-Deutschland vor der Willkür des Regimes sicher. Am 28. November 1944 traf in Ulm ein Schreiben ein, in dem der Oberste Reichsanwalt beim Volksgerichtshof den Gefängnisvorstand wissen ließ, dass das Urteil gegen Sofonias Theuß durch einen «außerordentlichen Einspruch« aufgehoben worden sei. Dem Schreiben beigefügt war ein vom berüchtigten Präsidenten des Volksgerichtshofes Dr. Roland Freisler persönlich unterzeichneter Haftbefehl. Angesichts der »Schwere der Tat« sei es für die Öffentlichkeit untragbar, dass sich der Angeklagte »auf freiem Fuße« befinde, hieß es dort. So wurde Sofonias Theuß am 5. Dezember 1944 in die Untersuchungshaftanstalt Berlin-Plötzensee verlegt.

Wie man in Berlin auf den Fall aufmerksam geworden war, lässt sich nicht mehr abschließend klären. »Die Äusserungen des Angeklagten, eines unbelehrbaren Pazifisten und Gegners des nationalsozialistischen Deutschlands, über die Person des Führers und die nationalsozialistische Regierung sind so schwerwiegend, dass die erkannte Gefängnisstrafe keinesfalls als ausreichende Sühne angesehen werden kann«, schrieb der stellvertretende Oberste Reichsanwalt Heinrich Felix Parrisius zur Begründung seines Einspruchs. Am Ende des neuen Verfahrens hätte also mit Sicherheit eine sehr viel schärfere Strafe gestanden – eventuell gar die Todesstrafe.

Das Ende des Verfahrens erlebte Sofonias Theuß jedoch nicht mehr. Er starb am 26. März 1945 im Gefängniskrankenhaus Plötzensee. Die Mitteilung über den »Abgang eines Gefangenen«, wie es in der Bürokratensprache hieß, erreichte die Reichsanwaltschaft erst am 11. April – nur einen Tag, nachdem man dort die Haftverschonung aus gesundheitlichen Gründen genehmigt hatte. Zuvor hatte der Gefängnisarzt diagnostiziert, dass bei dem »an hochgradiger Abmagerung und Schwäche« leidenden Gefangenen »Verdacht auf Lungentuberkulose« bestehe und er die Entlassung in ein reguläres Krankenhaus empfehle. Dazu kam es jedoch nicht mehr. Auch wenn die genaueren Umstände seines Todes nicht mehr geklärt werden können, fiel Theuß mit hoher Wahrscheinlichkeit den unmenschlichen Haftbedingungen im NS-Strafvollzug und der Willkür eines dem Regime bis zur letzten Minute treu ergebenen Justiz- und Beamtenapparates zum Opfer.

Sein einst so innig verehrtes »Vaterland« hatte Sofonias Theuß am Ende seines Lebens zutiefst enttäuscht und gedemütigt, schließlich gar ermordet. Er hatte sein halbes Leben als Soldat gedient und dabei seine Gesundheit geopfert. Gedankt hatte man es ihm nicht. Stattdessen führte sein Land wieder Krieg, den Theuß zu verachten gelernt hatte. Resigniert schrieb Theuß kurz vor seiner Verhaftung an einen jugendlichen Freund, dass er für Deutschland keinen anderen Weg mehr sähe als den totalen Zusammenbruch, nur dann sei es möglich, neu und menschenwürdig von vorne anzufangen. Vor diesem Hintergrund erscheinen die letzten von Theuß auf Packpapierfetzen erhaltenen Notizen, die während der kurzen Zeit der Haftunterbrechung im Sommer 1944 entstanden sind, wie eine bittere Abrechnung : »Hitler verrecke, Himmler verrecke ... Deutschland verrecke!«

Quellen

Die »Texte« sind den Manuskripten des Sofonias Theuß entnommen, die teilweise erschienen sind beim Verlag Heidenheimer Zeitung »Der Einsiedler von Steinheim, genannt China-Theuß« (ISBN3-920-433-01-7).
Die Gerichts- und Strafakten im Fall Theuß aus Stuttgart und Ulm sind im Staatsarchiv Ludwigsburg unter der Signatur StAL E 356 g Bü5449 einsehbar. Die Verfahrensakte vor dem Volksgerichtshof befindet sich im Bundesarchiv Berlin-Lichterfelde unter der Signatur BArch, NJ(R3018)/9170.
Sofonias hat der Gemeinde Steinheim testamentarisch seine Sammlungen vermacht, soweit sie dann nicht konfisziert oder entwendet worden sind. Sie sind im Heimatmuseum der Gemeinde Steinheim auf dem Klosterhof zu sehen.
Der schriftliche Nachlass befindet sich im Schriftgut-Archiv Ostwürttemberg in Heubach-Lautern. Die »Sofonias Theuß-Bibliothek« umfasst heute etwa 120 Bände: rund 50 Bücher über Religion (Bibeln, Predigten, Buddhas Reden) und »arische« Beweislektüre bis hin zu Oswald Spenglers *Untergang des Abendlandes*, Bücher zur Kunst sowie über 60 Bücher zur Geschichte – vieles davon Militärliteratur aus dem 19. und 20. Jahrhundert. Geologisch-paläontologische Bücher und schließlich Fachliteratur über Bienenzucht finden sich ebenfalls in der »Theuß-Bibliothek«.

Christiane Vonhoff/Dietrich Vonhoff

Heinz Vonhoff 1922-1998

Von 1959 bis zu seinem Tod am 18. September 1998 wohnte der Religionspädagoge und Literat Heinz Vonhoff in Steinheim am Albuch. Hier hatte der Wahl-Württemberger mit seiner Familie seinen Lebensmittelpunkt gefunden.
Geboren wurde Heinz Vonhoff am 11. April 1922 in Betzdorf an der Sieg als Sohn eines Bahnbeamten. Aufgrund der beruflichen Tätigkeit des Vaters war die Familie gezwungen, immer wieder umzuziehen.
Die ersten beiden Schuljahre besuchte er die kleine Schule in dem Westerwalddorf, in dem er sechs Jahre seiner Kindheit verbrachte. In Fehl-Ritzhausen war der Vater Bahnmeister, und Heinz Vonhoff erlebte mit seinen Geschwistern, einer Schwester und einem Bruder, die Welt der Eisenbahn.
1930 wurde der Vater zurück nach Betzdorf versetzt, und Heinz Vonhoff wurde dort in der dritten und vierten Klasse von einem Lehrer unterrichtet, der in ihm die Liebe zu Dichtung und Literatur geweckt hat.
Später schreibt er über jene Zeit: »Weil der Lehrer Sabath in Betzdorf ein guter und beliebter Lehrer war und meine Dichtkunst gelobt hatte, beschloss ich damals, Dichter und Lehrer zu werden, und ließ das jeden wissen, der mich nach meinen Berufswünschen fragte.«
Bereits 1932 musste die Familie wieder umziehen. Aufgrund der Weltwirtschaftskrise und dem daraus erwachsenen Heer von Arbeitslosen war die Regierung des Reichskanzlers von Brüning zu Notverordnungen gezwungen, die auch die Beamten trafen. Die Bahnmeisterei Betzdorf und Burbach wurden zusammengelegt. Der neue Wohnort war Herdorf. Gleichzeitig wechselte Heinz Vonhoff von der Volksschule zum Gymnasium in Betzdorf, wurde also zum Fahrschüler.
1936, im Jahr seiner Konfirmation, starb die Mutter an einer Fleischvergiftung. So ist die Familie ohne Mutter am 1. Januar 1937 nach Frankfurt gezogen. Dem Vater wurde die Frankfurter Bahnmeisterei am kleinen Bahnhof Louisa übertragen. Heinz Vonhoff musste die hilflose Trauer seines Vaters und dessen nächtliches Weinen monatelang neben ihm schlafend oder wachend miterleben.
Im März 1940 konnte er die ordentliche Reifeprüfung ablegen, ohne vorher in den Krieg ziehen zu müssen. Als Schulbester musste er der Tradition

entsprechend bei der Verabschiedung eine Rede halten, die, so schreibt er, »meine besondere Qualifikation zu bestätigen hatte. Unser Direktor war sich klar darüber, dass mein Thema ein literarisches sein werde, obwohl ich gewiss auch über das Haber-Bosch-Verfahren in der Chemie oder über die Mendel'schen Gesetze in der Biologie hätte reden können. Er wusste aber auch wie mein Deutschlehrer, dass es wieder kein Vortrag über Goethes Faust werden würde, und so bat er mich, in Erinnerung an die mündliche Deutschprüfung, ›Sprechen Sie bitte nicht über Thomas Paine‹, musste aber auch vorherige Einsicht in mein Manuskript fordern, was mich nicht störte, war doch die Zeit eine der Zensoren. Ich erhielt mein Manuskript bald zurück, mit bewegtem Dank und der Entschuldigung, dass er diese Rede eigentlich nicht hätte vorzensieren dürfen. Was hatte ich mir vorgenommen? Nichts weiter als meine eigene Bewegung darzulegen angesichts des Krieges und der Gefahr unserer Heimat und im Denken an die Mitschüler, die bereits an der Front standen, von denen die ersten schon im Lazarett lagen, einer bereits im Grab«.

Heinz Vonhoff kam im Mai 1940 zum Reichsarbeitsdienst-Einsatz nach Kärnten und konnte danach im September 1940 sein Studium in Frankfurt beginnen. Es sollte etwa vier Wochen dauern und die einzige Zeit bleiben, die er je an einer Universität studiert hat. Noch im Oktober wurde er zu einer Funknachrichtenersatzkompanie nach Hofgeismar in Hessen eingezogen. Schon als Kind hatte er auf den Bahnhöfen in Fehl-Ritzhausen und Herdorf und im Büro des Vaters fleißig morsen gelernt und das Morsealphabet voll beherrscht.

Seinen »Parsifal« und andere mittelhochdeutsche Werke nahm er mit in die Kaserne und begann, das zu sein, was er zeitlebens geblieben ist, ein Student ohne Hochschule. Sein Leben als Soldat war durch die Entscheidung für die Funktruppe vorgezeichnet. In Jugoslawien von 1941 bis zum Kriegsende 1945.

Nachdem die Amerikaner dem Rückkehrer vom Balkan in Aalen die Entlassungspapiere ausgestellt hatten, kam er mit dem Zug nach Frankfurt und klingelte um 8 Uhr an der Tür. Er hatte, im Gegensatz zu seinem jüngeren Bruder Werner, der in Russland gefallen war, heimfinden dürfen.

In jenem Sommer fiel die Entscheidung gegen ein Universitätsstudium, und im Herbst begann die Kurzausbildung zum Volksschullehrer, die auf ein halbes Jahr angesetzt war. Im August 1946 hatte er dann den ersten Schultag als Lehrer, das Ziel, das er sich in jungen Jahren gesetzt hatte.

Er wurde der Volksschule in Unterliederbach zugeteilt, einem Frankfurter Vorort nahe Höchst, mit damals noch dörflichem Kern. Das Schulhaus war von Bomben stark zerstört, und in den wenigen einigermaßen heil gebliebenen Räumen mussten von zehn Lehrern zwanzig Klassen mit jeweils bis zu achtzig Schülern unterrichtet werden, darunter viele Kriegswaisen und Schwarzmarktgefährdete. Das waren die Kinder in Not, für die er sich als Helfer entschieden hatte. Um dieser Aufgabe nach der nur mangelhaften Ausbildung etwas besser gerecht werden zu können, meldetet er sich bei der Kirche zu einer religionspädagogischen Ergänzungsausbildung in Abendkursen und Wochenendseminaren an.
In dieser Zeit hat er sich auch einer neuen Aufgabe verschrieben, die über das eigene Schreiben und Dichten hinausging, nämlich andere Menschen zur Literatur hinzuführen, mit Büchern vertraut zu machen, ihnen Dichtung zu erschließen. Er machte sich eigene Gedanken und meinte, die christlichen Gemeinden müssten in ihrer Mitte, also dort, wo sie wirkten und walteten, Stätten der Geborgenheit schaffen. Diese Gedanken wurden in einem hektographierten Lehrerrundbrief der Evangelischen Akademie veröffentlicht.
Seine Bemühungen, in einem solchen Bereich tätig zu werden, scheiterten zwar, doch wurde es ihm in späteren Jahren möglich, die berufliche Tätigkeit auf verschiedene soziale und diakonische Erziehungsfelder auszudehnen und ihnen einen entscheidenden Teil seiner literarischen Arbeiten zu widmen. Er veröffentlichte Aufsätze und Artikel in verschiedenen pädagogischen Zeitschriften, vor allem in der von der Stuttgarter Landesanstalt für Erziehung und Unterricht herausgegebenen Monatsschrift *Die Schulwarte* und in der in München erschienenen Zeitschrift für christliche Erziehung und Unterrichtspraxis *Schule und Leben*. Schwerpunkte der Aufsätze, die in der Unterrichtspraxis von der Literatur her ihr Gewicht erhalten hatten, waren der didaktische Umgang mit der Jugendliteratur, besonders der Gegenwart, und das schulische Laienspiel.
Dass er Anfang 1948 nach Württemberg wechselte, hatte persönliche Gründe. Ein Kriegskamerad war in Heidenheim ansässig geworden. Bei ihm hatte er seine Frau Hanne kennen gelernt.
Er bemühte sich um einen Wechsel in den Schuldienst in Heidenheim. Trotz Währungsunion und sehr beengter Wohnverhältnisse heirateten Hanne, geb. Staudenmaier, und Heinz Vonhoff im Sommer 1948. 1949 wurde der erste Sohn geboren, dem später zwei Brüder und zwei Schwestern folgten.

Seine erste ständige Lehrerstelle erhielt Heinz Vonhoff 1952 an der evangelischen Volksschule in Kressbronn am Bodensee. In dieser Zeit galt sein besonderes Interesse der Theater-, Hörspiel- und Laienspielliteratur. Vom Schulfunk des Süddeutschen Rundfunks wurde er um Mitarbeit bei der Gestaltung von Hörszenen für den Religionsunterricht gebeten. Auch bei der parallel laufenden Produktion von Schallplatten im CREDO-Programm des Stuttgarter Verlages Junge Gemeinde beim Arbeitskreis »Kirche und Schallplatte« hat er mitgearbeitet. Hierbei ergaben sich zwangsläufig Querverbindungen zu Film und Fernsehen. Durch diese pädagogisch-didaktische Tätigkeit hat er sich sehr früh mit audiovisuellen Arbeitsmitteln auseinandergesetzt.

1955 entschloss er sich, aufgrund einer schweren Herzerkrankung, den Bodenseeraum zu verlassen. Die Familie zog wieder zurück auf die Ostalb. Er wechselte in den württembergischen evangelischen Kirchendienst über und wurde an verschiedenen Schulen in Heidenheim als Religionslehrer eingesetzt.

Im Frühjahr 1956 erreichte ihn eine Einladung zur Internationalen Jugendbuchtagung im CVJM-Institut Schloss Mainau. Dieses Institut der Christlichen Vereine Junger Männer hatte der Inselherr, der schwedische Graf Lennart Bernadotte, nach dem Krieg zur Völker- und Jugendverständigung in einem Flügel seines Schlosses eingerichtet. Die Beschäftigung im Rahmen der Mainau-Tagungen mit der religiösen Jugendliteratur kam seiner neuen beruflichen Aufgabe als Religionslehrer entgegen.

Einige Verleger und Lektoren wurden im Rahmen der Mainau-Tagungen auf ihn aufmerksam. Von der Christlichen Verlagsanstalt Konstanz bekam er Aufträge für die Hefte *Für's Kinderherz*, und vom Bertelsmann Verlag wurde er um die Herausgabe eines Buches über Wohltäter der Menschen im Rahmen der Jugendbibliothek »Mein Bücherschatz« gebeten. Damit waren die Weichen für sein eigentliches literarisches Lebenswerk, die »Geschichte der Barmherzigkeit«, gestellt. Schließlich hatte er seinen Lehrerberuf als soziale und karitative Aufgabe verstanden. Es galt, Autoren für Texte über Helfer der Menschheit zu gewinnen, aus Büchern solche Texte auszuwählen und beim Verlag bereits vorliegende Manuskripte zu prüfen. Dabei blieb es nicht aus, dass er die historischen Linien zu entdecken begann, die sich von »Franziskus bis Albert Schweitzer« zeigten. Beim Studium sehr vieler Bücher und Biografien fiel ihm auf, dass es offenbar keine »Weltgeschichte« gab, die sich grundlegend mit den sozialen, karitativen, humanen Strömungen befasste.

Er entwickelte eine Chronik dieser Geschichte, unterteilt nach sieben Werken der Barmherzigkeit, und so entstand eine erste »Weltgeschichte der Nächstenliebe«. In einem Epilog gab er einen ersten Versuch wieder, die »Kettenreaktion des guten Willens« als eine geschichtliche Wirkkraft aufzuzeigen, von der die Geschichtsbücher nur am Rande Notiz zu nehmen schienen. Bei seinem Besuch in Gütersloh, während der Herstellung des Buches, das unter dem Titel *Im Dienste des Menschen* erscheinen sollte, wies er auf das Fehlen einer Geschichte der Barmherzigkeit hin. Dabei dachte er an eine Zusammenschau der humanen, sozialen und karitativen Strömungen und Wirkungen über fünftausend Jahre vom alten Ägypten bis in die Gegenwart, und zwar ohne religiöse oder konfessionelle Einengung.

Nachdem er bei Bertelsmann kein Echo für seine Anregung fand, konnte der Kasseler Oncken-Verlag für diese Idee gewonnen werden. Allerdings sollte er das Manuskript selber erstellen.

Heinz Vonhoff erbat sich Bedenkzeit. Die Familie plante in Steinheim am Albuch den eigenen Hausbau, denn das Wohnen in der Stadt war für die Eltern mit fünf Kindern in der engen Mietwohnung unerträglich geworden.

So entstand, während in Steinheim am Hang des Meteorkraters das Haus gebaut wurde und er wöchentlich 34 Stunden Religionsunterricht in sieben Heidenheimer Schulhäusern und allen Schularten hielt, das Manuskript über die fünftausend Jahre der anderen Menschheitsgeschichte. Der Verlag wählte als Titel für das Buch *Herzen gegen die Not*, illustrierte den Band mit zahlreichen dokumentarischen Bildern, fügte eine Übersicht über die Wohlfahrtsverbände und eine Zeittafel bei und machte alles zu einem handlichen Arbeitsbuch. Das Echo auf der Frankfurter Buchmesse 1960 war erstaunlich, und schon nach wenigen Monaten legte der Verlag die zweite Auflage mit ersten Ergänzungen und Korrekturen auf. In Finnland, Schweden und Norwegen erschienen Übersetzungen, die amerikanische Ausgabe in Philadelphia 1971.

1976 wurde das Buch aktualisiert und mit einem umfangreichen Anhang von Hans-Joachim Hofmann vom Diakonischen Werk zur gegenwärtigen Situation einer »Offensiven Diakonie« unter dem Titel *Samariter der Menschheit* neu herausgegeben.

1987 hat Heinz Vonhoff, inzwischen 65-jährig und im Ruhestand, eine dritte verbesserte und erweiterte Ausgabe unter dem Titel *Geschichte der Barmherzigkeit – 5000 Jahre Nächstenliebe* geschrieben.

Neben die seiner »Geschichte der Barmherzigkeit« folgenden Lebensbilder gesellten sich weitere Bearbeitungen von Sonderthemen. Er arbeitete intensiv mit bei der Biografie der Schwedin Elsa Brandström. Die Biografie wurde 1962 von Eduard Juhl verfasst.
1969 erschien von Heinz Vonhoff *Wir leben nicht allein*, eine Sammlung von Lebensbildern, und 1971 die Textsammlung *Der Mensch ist kein Gerät* mit dem Untertitel »Auf dem Weg zu einer humanen Gesellschaft«.
Auch die Handreichung für Religionslehrer mit dem Titel *Die Geschichte der Kirche im Unterricht der Schule* und das von der Christlichen Verlagsanstalt Konstanz veröffentlichte Textbändchen *Der Mensch lebt vom Gebet* sind die Folge der Arbeit an dem Thema der Barmherzigkeit. Aus einer Fülle eigener Kurzandachten aus Schülergottesdiensten stellte er vier thematisch geordnete Hefte zusammen, die mit Kurzgebeten, Hinweisen auf Bibeltexte und Lieder zu eigener Andachtsgestaltung anregten und als Materialsammlung dienten. Später wurden die vier Hefte unter dem Titel *Wir begegnen Gott* zusammengefasst.
Neben diesen umfangreichen Herausgebertätigkeiten wartete schon im Jahr 1959 eine neue Aufgabe auf ihn. Der Vorsitzende des Kreis- und Stadtjugendringes Heidenheim bat ihn, die vom Börsenverein des Deutschen Buchhandels angeregten Jugendbuchwochen für den Kreis Heidenheim zu planen und durchzuführen.
Zwischen 1960 und 1971 hat er zwölf Heidenheimer Jugendbuchwochen geplant und verantwortlich geleitet. Gemeinsam mit dem Geschäftsführer des Kreisjugendringes und der Leiterin der Städtischen Jugendbücherei sowie Vertretern des Buchhandels und der Schulen wurde ein Programm mit folgenden Schwerpunkten erstellt: Autorenlesungen an Schulen, Aufbau einer Wanderbücherei mit Modellcharakter für die Schulen, abendliche Sonderveranstaltungen und Preisausschreiben.
Möglichst viele Autoren sollten zu Lesungen gewonnen werden. So waren James Krüss, Michael Ende und Heinrich Maria Denneborg jeweils in dem Jahr bei der Jugendbuchwoche, in dem sie den Deutschen Jugendbuchpreis verliehen bekamen. Weitere namhafte Autorinnen und Autoren waren zu Gast: Kurt Lütgen, Lisa-Maria Blum, Hans Baumann, Hans Georg Noack, Barbara Bartos-Höppner und noch manche Namen, die zu nennen wären.
Es blieb nicht aus, dass zwischen den Autoren und der Familie Vonhoff teilweise enge Freundschaften entstanden. Konnten doch manche von ihnen die Gastfreundschaft des Hauses Vonhoff auch als Übernachtungs-

gäste genießen. Gerne erinnert sich Hanne Vonhoff noch heute an viele fröhliche Stunden und interessante Gespräche mit den Autoren.
Heinz Vonhoff fühlte sich James Krüss wegen seiner Kindergedichte besonders verbunden. Mit ihm teilte er die Vorliebe für Wortspiele und Nonsens. Diese Vorliebe und die vielen Kontakte zu zeitgenössischen, namhaften Autoren der Jugendliteratur führten dazu, dass Heinz Vonhoff auch die Geschichte seiner 7-köpfigen Familie in dem Buch *Das fünfte Rad am Wagen*, eine Geschichte zum Lesen und Vorlesen, im Jahr 1963 veröffentlichte. Sie spielt im herrlichen Garten im Haus am Hang bei den hohen Tannen und in der erdgeschichtlich so interessanten Sandgrube. Auch die in den 60er Jahren gemachte Entdeckung, dass es sich beim Steinheimer Becken um einen Meteoreinschlag handelt, wird bei der aufregenden Suche nach dem »Meteor« in dem Buch lebendig.
1968 erschien als weiteres Kinderbuch die *Kunterbunte Kinderwelt*, eine Sammlung von Gedichten und Geschichten zum Vorlesen und Selberlesen für Kinder und Eltern.
1965 wurde Heinz Vonhoff zum Schuldekan des Kirchenbezirks Ostwürttemberg (Heidenheim, Aalen und Gmünd) berufen. Dieses Amt übte er mit großer Einsatzbereitschaft aus, so dass bis zum Eintritt in den Ruhestand 1985 wenig Zeit für die eigene literarische Arbeit blieb. Zumal er 1968 in das Württembergische Gustav Adolf Werk berufen wurde und von 1968 bis 1987 im Vorstand der »Lebenshilfe Heidenheim« auch im sozialen Bereich Verantwortung übernommen hatte. Sein Bezug zur Pra-

xis, sein fortwährender Wille, neue Wege zu gehen, und sein besonderes Interesse an den Menschen zeigte sich auch in der Durchführung der ersten Konfirmation von Menschen mit Behinderungen.
Lassen wir zum Schluss Heinz Vonhoff noch einmal selber zu Wort kommen. Im letzten Kapitel seiner Biografie schreibt er unter der Überschrift »Vertrauen in dieser Welt« unter anderem:
»Wie die Literatur sehr stark auf meine pädagogische Tätigkeit wirkte, so hat auch mein Glaubensleben das große Hauptfeld meines Tuns, die Pädagogik, von Anfang an mit erfüllt. So habe ich 1946 nach Beginn des regelmäßigen Unterrichts an der Volkshochschule in Unterliederbach mit der berufsbegleitenden religionspädagogischen Ausbildung bei der hessischen Landeskirche begonnen, die Martin Niemöller aus drei hessischen Landeskirchen gebildet hatte. In Heidenheim ergab sich die Zusammenarbeit mit der Kirche bei den engen Kontakten mit der Gemeinde fast von selbst, und ich hielt 1948 im Religionsunterricht eine erste Lehrprobe. Die Tätigkeit an der evangelischen Konfessionsschule in Kressbronn am Bodensee legte schließlich den Grund für den Wechsel als kirchlicher Hauptlehrer nach Heidenheim, der 1965 mir die Berufung als Schuldekan einbrachte. Viele Jahre einer religionspädagogischen Dozentur an der sozialen Fachschule in Herbrechtingen führten zu neuen Wegen in der religionspädagogischen Ausbildung der Erzieherinnen und der Kindergartenkinder. Schließlich beteiligte mich das pädagogisch theologische Zentrum Stuttgart an der Entwicklung neuer problem-

orientierter und curricularer Lehrpläne. Diese Arbeit war für mich in zahlreichen Vorträgen und Lehrproben im ganzen Land verbunden.
Auf Tagungen, unter anderem der evangelischen Akademie Bad Boll, begegnete ich manchen Pädagogen und Theologen sowie Künstlern und Unterrichtspraktikern. Der Wechsel in den Kirchendienst 1965 war also begleitet von Erfahrungen, wie sie nicht viele kirchliche Pädagogen mitbrachten. Mein Heidenheimer Dienst als Religionslehrer brachte zugleich Erfahrungen von der Sonderschule bis zur Berufsschule. Ich hielt Vorträge, veröffentlichte Aufsätze und machte in zahlreichen Lehrproben im Land mit den neu entwickelten Lehrplänen bekannt. In Büchern und Heften wurde das Gewicht meines theologischen Denkens deutlich. Wichtige Begegnungen mit Theologen konnten nicht ausbleiben. Die Berufung 1968 in das Württembergische Gustav Adolf Werk brachte mir im Burgenland und in der Steiermark neue Herausforderungen mit pädagogischen Aufgaben bis zum Ruhestand 1985. Nun fand ich wieder Zeit für die literarischen Tätigkeiten und hielt besonders gern Lesungen bei Senioren, getragen vom Vertrauen meiner Zuhörer. Mit meiner unheilbaren Krankheit, die mich 1995 befiehl, lebe ich in stiller Zurückgezogenheit mit der Erinnerung an ein reiches Leben, vom Glauben getragen und begleitet von meiner Frau und den Kindern. Die letzte Stunde wird mir Gott bestimmen.«
Am 18. September 1998 ist Heinz Vonhoff zu Hause im Kreis seiner Familie friedlich eingeschlafen.

Die vielfältigen beruflichen und ehrenamtlichen Tätigkeiten von Heinz Vonhoff leben auch in seinen Kindern weiter.
Werner Vonhoff (geb. 1949) ist als Forstdirektor in Bopfingen tätig. Martin Vonhoff (geb. 1950) ist Grundschullehrer und Künstler, Gabriele Schneeweiß (geb. 1957) ist Bildhauerin. Die Autoren dieser Biografie über Heinz Vonhoff sind seine Kinder Christiane Vonhoff (geb. 1953) und Dietrich Vonhoff (geb. 1952). (siehe auch unter Autoren dieses Buches)

Die Biografie wurde in möglichst enger Anlehnung an die Autobiografie, die Heinz Vonhoff über sein Leben mit der Literatur selbst verfasst hat, geschrieben.

KUNTERBUNTE
KINDERWELT

für Kinder erzählt von Heinz Vonhoff

Friedrich Bahn Konstanz

Dieter Eisele

Rudolf Weit 1910-1987

Vielen Steinheimern, vor allem seinen früheren Schülern, ist dieser stolze und hochgeachtete Mann noch in Erinnerung, wie er von seinem Häusle in der Gartenstraße aufrecht, mit schnellen und kurzen Schritten, täglich den Weg zur Hillerschule nahm. Als Rektor, Heimatforscher, begnadeter Mundartdichter und Poet machte er sich in weiten Kreisen des Landes durch seine heimatgeschichtlichen und volkskundlichen Veröffentlichungen, besonders aber mit seinen Mundartgedichten, einen Namen.

Geboren ist Rudolf Weit am 9. März 1910 im Schulhaus von Feldstetten auf der rauen Alb, wo sein Vater Lehrer war. Seine Kindheit verbrachte er großenteils im Remstal; in der Schorndorfer Lateinschule erwarb er sich ein gediegenes sprachliches Rüstzeug. Das Abitur machte er in Ulm, wohin die Familie berufsbedingt verzogen war. Dann entschied auch er sich für den Beruf des Vaters und absolvierte die Ausbildung zum Volksschullehrer in Esslingen. Doch in den schlimmen Jahren der Wirtschaftskrise Anfang der 30er Jahre gab es keine Verwendung für ihn. Glücklicherweise kam er beim damaligen »Schwäbischen Heimatwerk« unter, wo er sich der Betreuung von Arbeitslosen zu widmen hatte. Dies war für ihn – wie er später sagte – persönlich von hohem Gewinn durch den Kontakt mit vielen Menschen, darunter profilierten Persönlichkeiten.
Endlich erhielt er dann ab November 1933 die erste Anstellung als Junglehrer in verschiedenen Gemeinden, von 1934 bis 1936 auch in Steinheim am Albuch. Hier lernte er seine spätere Frau Emilie, geb. Maier, kennen. Nur wenige Wochen nach der Hochzeit 1939 in Stuttgart wurde Rudolf Weit zur Wehrmacht eingezogen. Gegen Ende des Krieges geriet er in russische Gefangenschaft und kam erst im Dezember 1949 als Spätheimkehrer aus Sibirien in die Heimat seiner Frau Emilie, nach Steinheim, zurück. Sie ist es gewesen, die ihm nach so langer Zeit unsäglicher Entbehrungen und Strapazen den Einstieg in ein lange währendes, überaus harmonisches und unbeschwertes Familienleben zu verschaffen vermochte. Den einzigen Sohn Peter zog es in die Wissenschaft; er war bis 1991 engster Mitarbeiter des berühmten Professors Walter Jens an der Universität Tübingen. Bis zu seiner Pensionierung 2012 war er weiterhin in Forschung und Lehre an dem von Walter Jens gegründeten Seminar für Allgemeine Rhetorik tätig.

Im Schuldienst in Steinheim

Sofort nach Rückkehr aus der Gefangenschaft wurde Rudolf Weit 1950 Lehrer an der Steinheimer Hillerschule. Der in der Gemeinde nicht nur bei Schülern, Eltern und Kollegen äußerst beliebt gewordene Pädagoge wirkte hier 25 Jahre, die letzten 10 Jahre bis zu seiner Zurruhesetzung im Jahre 1975 als Rektor. In seine Zeit fielen schwierige Aufgaben und Probleme, z.b. die große Schulreform mit ihren einschneidenden Veränderungen, die Einführung und der Bau der Realschule, laufend steigende Schülerzahlen und damit verbunden der permanente Lehrermangel. Doch Rudolf Weit konnte in seiner so sachlichen wie menschlichen Art, als Partner von Gemeinderat und Bürgermeister sowie auch als bei den Staatlichen Schulbehörden anerkannter und geschätzter Schulleiter, zur Lösung aller Probleme maßgeblich beitragen.
Rudolf Weit war aber nicht nur Lehrer. Vielmehr verkörperte er den Typ des Schulmeisters, der sich zu mehr verpflichtet fühlte und bereit war, seine Gaben in vielfältiger Weise einzusetzen. So verfasste er elf Schulspiele (Theaterstücke für Schulen), die alle publiziert und an vielen Schulen aufgeführt wurden. Das bedeutendste ist wohl *Der Kaiser kann kommen* – eine fröhliche Schildbürgerei. Mitwirkende: Schulze – Ratsherren – Bürger und Bürgerinnen zu Schilda – Büttel – Nachtwächter – Schweinehirt – der Bote des Kaisers – Kinder – Moritatensänger – Stadtpfeifer und Musikanten – Chor.
An den Schulen weiter viel gespielte Stücke sind auch *D'Hasarupfer – eine lustige Schwabengeschichte, Dr Ga'sloaser Storch – ein lustiges Spiel nach einer alten Sage aus dem Schwabenland, Das Schneiderlein im Mond* (frei nach Auerbacher).

Zum Ende des Schuljahres 1974/75 trat Rudolf Weit als inzwischen 65-Jähriger in den Ruhestand, obwohl er damals noch länger im Schuldienst hätte bleiben dürfen. Doch wollte er, wie er bei seiner würdigen Verabschiedung aus dem Berufsleben kundtat, die nunmehr gewonnene Zeit nutzen, um sich verstärkt mit dem heimatlichen Volks- und Brauchtum und natürlich seiner Dichtung zu befassen. Die Gedanken zu seiner Zurruhesetzung reimte er auf die ihm eigene unnachahmliche Weise in seinem Gedicht *En oig'ner Sach*.

En oig'ner Sach

Ma moint fei'wärrle, 's sei net waohr!
Dao wurd ma fenfasechzig Jaohr
Ond ischt drom z'maol mit äller G'walt –
ha, wia ma sait – a 'heba'n alt.
Sell ischt zwar – i' sag frank ond frei –
koi Grond zur Trüabsalblaoserei,
em Gegatoil – ma kommt voll drauf:
s'gaht ällweil noh a Türle auf!
Ond wann dees Türle offa staht,
ond wann ma durch sell Türle gaht,
vorausg'setzt, daß ma's richtig duat,
nao spürt ma's fei auf oi'maol guat,
ond zwar mit jedem nuia Schritt:
»So langsam komm i'endlich mit!
Jetzt woiß i'wia dr Würfel fällt
Ond wia se lauft, dui ganza Welt.«
Grad weil ma dees jetzt endlich woiß,
drom ißt ma d'Supp ao nemme z'hoiß,
dui mo ma ällig ei'brockt kriagt –
ma blaost se vor – ond denkt vrgnüagt:
»jetzt fend i denna – trotz de Jaohr –
viel weniger als so'scht a Haor!«
Sell hoißt, ma hat wohl schnell entdeckt,
daß se oim zmaol viel besser schmeckt.
Ischt dees vielleicht koi groaßer G'wenn?!
Ma staht jetzt ru'ig em Leba dren,
wann's om oin noh so braust ond duat,
guckt vor se na, faßt froaha Muat,
lacht knitz ond z'frieda en se nei'
ond sieht da Dag voll Sonnaschei',
ao wann ma weiter mit Bedacht
so Stück für Stück sei'Sächle macht.
Drom also hat me's ao so g'freut –
I'muaß dees sage, liabe Leut –
wia'n ihr so liab hant an me denkt,
hant gratuliert ond mi beschenkt
ond hant mr wärrle über Nacht
grad 's Leaba noh viel schöaner g'macht ...
I'dank uich ond sag noh dra'na:
Jetzt streng me omso ärger a'!

Der Heimatforscher

Und wie er Letzteres tat! Hatte er seine Gaben auch schon während seiner Zeit im Schuldienst in vielfältiger Weise nebenher eingesetzt, so machte er als Pensionär sein literarisches Schaffen gewissermaßen zum Hauptberuf. Aus seiner Feder stammen zahlreiche Veröffentlichungen im gemeindlichen Mitteilungsblatt *Albuch Bote*. Besonders hervorzuheben ist die Serie »Im Archiv aufgefunden«. Dort hielt er sich, vor allem im Ruhestand, sehr oft auf. Denn im Gemeindearchiv zu stöbern und die teils bis ins 16. Jahrhundert reichenden Dokumente, Karten und Folianten zu studieren, war seine besondere Leidenschaft. Er äußerte sich einmal: »Wenn man Ortsgeschichte schreiben will, darf man mit dem Suchen im Archiv nicht nachlassen. Freilich – man kann sich bei seiner Deutung dabei auch einmal auf dem Holzweg befinden, aber immerhin kann man zum Nachdenken anregen ...« Letzteres ist Rudolf Weit gelungen, denn »Im Archiv aufgefunden« erfreute sich vor allem bei den alteingesessenen Steinheimern großer Beliebtheit. Wie entstanden die Flurnamen, wie versorgte man sich vor der Einführung der öffentlichen Wasserversorgung mit dem köstlichen Nass, woher stammt die Bezeichnung Türkenbrunnen, warum gab und gibt es die heute noch gebräuchlichen Hausnamen, z.B. Storchenbauer oder Wiesenbauer, wie wurde Steinheim zum Weberdorf – das sind nur wenige Beispiele der vielen von Rudolf Weit aufgegriffenen und bearbeiteten Themen.

Doch nicht nur im örtlichen *Albuch Boten* trat er in Erscheinung: Für das Jahr 1987 (im letzten Lebensjahr) erarbeitete Rudolf Weit einen Kalender mit dem Titel *Steinheim am Albuch in vergangener Zeit – Gedichte und ortsgeschichtliche Beiträge für die Jahre vor dem Zweiten Weltkrieg*. Auch im *Albvereinsblatt* war er dann und wann zu finden, z.B. mit seiner »Sage vom Wentalweible«.

In dem Kirchenführer *Menschen, Kirchen, Anekdoten* von Kurt Rommel (Quell Verlag, Stuttgart 1987) erzählte er zusammen mit Heinz Vonhoff »Vom Leben in Steinheim«. Es ging dabei um kirchliche Aktivitäten in alten Zeiten, den damaligen Kirchenbesuch, die Aufgaben des Kirchenkonvents und die Besoldungssituation der Pfarrer.

Und für das vom Verlag der Buchhandlung Meuer herausgegebene *Ostalb Heimatkundliches Lesebuch* bearbeitete Rudolf Weit das Thema »Vom Donkweber zum Fabrikarbeiter« – ein Beitrag zur Entstehung des Arbeiterstandes.

Die Peterskirche
in Steinheim am Albuch

Hg.: Evangelische Kirchengemeinde in Steinheim am Albuch, Redaktion: Heinz Vonhoff und Rudolf Weit, Steinheim 1979

Es blieb auch nicht aus, dass einer wie er sich in den Dienst von Vereinen und Organisationen stellte. So wirkte er auf Wunsch bei zahlreichen Fest- und Jubiläumsschriften mit oder stellte sich als Ratgeber zur Verfügung. Ein Produkt ersten Ranges ist die von ihm 1979 verfasste viel beachtete *Festschrift zum 200. Geburtstag der Peterskirche*.
Schließlich schrieb er ab 1952 jahrzehntelang unter dem Pseudonym »Kiebitz« zu lokalen Ereignissen mundartlich in der Heidenheimer Zeitung.

Gewiß ein seltenes Jubiläum

In 20 Jahren 1000 Kiebitz-Gedichte

Zwanzg Johr schreibt Kiebitz für d'HZ
Was tät mr, wenn mr ehn net hätt?
Mr müeßt — ond des isch net zum schpassa
z'Wasseralfenga oin giaßa lassa!

Das ist ein schüchterner Versuch, den Herrn Rektor Rudolf Weit von Steinheim zu porträtieren — im Versmaß. Es muß beim Versuch bleiben, denn kopieren kann man ihn nicht. Das schützt ihn auf der anderen Seite vor Plagiaten und bringt ihm höchstens Kritiken ein, er sei kein wahrer Ostälbler, was übrigens auch schon da war — von einem rennomierten Heidenheimer mit Doktortitel sogar.

Aber weil er halt kein Dichterfürst ist, sondern ein Mundartdichter, schert's ihn wenig und sagt's halt so beim Rasenmähen. Mundart ist etwas Ureigenes. Er stammt aus Feldstetten auf der rauhesten Alb, die es gibt. Aus einer Lehrerfamilie (Lährer mit ä und nicht mit den katholischen e wie Leehrer und Seehle sondern wie Flädla und mäßig).

Daß Rudolf Weit zwei maßgebende schwäbische — württembergisch-schwäbische — Elemente in sich hat, ist unverkennbar. Das bäuerlich karge und das pietistisch reformerische. So spröde wie die Alb, von der er stammt, ist seine Sprache und seine Stimme, so karg seine Miene, wenn er spricht. Aber wenn er einmal spricht, dann sind die Hände in Bewegung und nicht nur die Hände. Er braucht die unterstreichenden Gesten, weil er als Schwabe der Überzeugungskraft seiner Sprache nicht hundertprozentig vertraut. Die Brille tut ein übriges dazu. Verdeckt das Knitze in ihm, den leichten Sarkasmus, die Lust am Ankratzen von Tünche.

Er ist genau der Nachkomme jener Schulmeister von der Alb, denen der König von Württemberg das „e" in der Seele verboten hat und es zu einem „ä" gemacht hat. Er sagt das „ä", aber der kratzt daran wie Schillers Moser und Flattich und Bengel und Hahn an der Obrigkeit, an der Zudecke, an der Tapete gekratzt alle die anderen auf die Schippe genommen. Nach der Gefangenschaft war es dann die HEIDENHEIMER ZEITUNG, die von dem „Stoinemer Schulmoischter" das erste Gedicht veröffentlicht hat. Erwin Roth, damals HZ-Redakteur, heute Attaché in Los Angeles, schrieb am 22. August 1952 folgenden Vorspann zum ersten Kiebitz-Gedicht in der HZ:

„Z'Dettenga, z'Fleina ond z'Königsbronn hot mr's henter sich, on z'Stoina fangt mr's grad a, des Elend mit der Schulteswahl. Wenn ons do dr Lehrer Weit a netts Gedichtle dazua schickt, ja do könnat

mr doch net anderscht, als glei brenga. Also Leit bassat auf." — Damals wurde Manfred Bezler Steinheimer Schultes.

Rudolf Weit hat Bürgermeister Bezler überlebt. Er hat auch viele Redakteure der HZ kommen und gehen sehen. „Ja, ihr seid anders geworden, moderner — aber das war nötig. Das neue Bild dieser Zeitung gefällt mir, auch wenn es nicht mehr so bieder, so hoimelig ist wie damals." Der Kontakt fehlt ihm, klagt er. Aber so ist das

Der Mundartdichter

Mit größter Hingabe widmete sich Rudolf Weit aber seiner Mundartdichtung. Wie kaum ein anderer verstand er es, die Landschaft, in der er aufwuchs, die Menschen, unter denen er lebte und wirkte, sowie deren Brauchtum und Eigenarten zu beobachten, zu charakterisieren und in seiner ihm gegebenen unnachahmlichen, mit hintergründigem oder knitzem Humor, manchmal mit tiefschürfendem Ernst gespickten Dichtkunst zu beschreiben. Denn die Mundart unserer Heimat bedeutete für ihn ein Kulturgut von höchstem Rang, das zu pflegen, zu erhalten und weiterzugeben für ihn leidenschaftliche Verpflichtung war. Seine ersten Gedichte entstanden übrigens während der Gefangenschaft in Sibirien, mangels Papiers auf Sperrholzplatten geschrieben. Über den Mundartdichter im Allgemeinen, und wohl auch auf sich selbst bezogen, reimte er Folgendes:

> Weil i a montrer Vogel ben,
> drom pfeif i froah mei Liad
> ond wurr bei äll dear Pfeiferei
> zom Bossa gar net müad.
> Ob s Sonndig oder Werdig ischt,
> sell macht mr gar nex aus!
> Wia mir dr Schnabel gwachsa-n-ischt,
> pfeif i en d Gegend naus.
> Ond wanns maol schier net ganga will,
> mag s kalt sei' oder Moi –
> nao druck i halt a weng dra rom
> ond leg ens Nescht a Oi.
> Wann s Oi ao schiergar eckig ischt,
> so isch doch gwiß net kromm –
> ha noh – i guck de Leut aufs Maul
> ond komm an ällem rom.
> Airscht wann ma mr als letzschta Gruaß
> zom Abschied sengt a Liad,
> nao gib i gera s Pfeifa auf . . .
> Jetzt ischt dr Vogel müad.

Im Verlauf seines Schaffens verfasste Rudolf Weit über 1000 Gedichte. 330 davon erschienen in den fünf verlegten Werken: Sodele – sell wär's (Hess Verlag, Ulm 1964), Grad so isch (Knödler Verlag, Reutlingen 1977), Ois oms ander (Knödler Verlag, Reutlingen 1980), Noh net hudla (Knödler Verlag, Reutlingen 1981), Net luck lao (Knödler Verlag, Reutlingen 1985)

Besonders im Ruhestand wurde Rudolf Weit zu vielen Dichterlesungen, auch überregional, engagiert. Es sprach sich nämlich herum, wie exzellent er seine Zuhörer zu erfreuen und zu fesseln wusste. Der Kommentierung einer solchen Lesung, die in wunderbarer Weise den großartigen Poeten und Menschen zu würdigen verstand (Verfasser leider unbekannt), wird hier auszugsweise wiedergegeben:
»Er öffnete die Schatztruhe seiner poetischen Kostbarkeiten und gab einen Querschnitt über sein dichterisches Schaffen, über seine Gedanken im Großen und Kleinen ... Das kleine Haus, dessen wohltuende Begrenzung ihm Heimat und Geborgenheit ist, dann das Gärtle mit seinen unzählig vielen Kleinigkeiten, von den Blumen, Stauden, Hecken, Sträuchern und Bäumen – vom einzelnen Blatt und Halm bis zur wundervollen vielgestaltigen Einheit des Ganzen, so sieht er seine Welt ... Dass er weit davon entfernt ist, ein weltfremder Träumer und Schwärmer zu sein, zeigen uns seine Gedichte aus der realen Welt: Aus der Schule, dem Vereins- und Gemeindeleben, vom Stammtisch und der Weinprobe, vom Schwabenland, den Sitten und Gebräuchen ... Dabei kam sein köstlicher urwüchsiger Humor voll und ganz zur Entfaltung. Die Zuhörer haben gespürt, dass dieser Humor von Herzen kommt ... Vom leisen, verhaltenen Schmunzeln bis zum herzlichen, schallenden Lachen hat man alle Variationen der Freude über diesen immer ins Schwarze treffenden Humor erleben können. Oft wurde Herr Weit mitten im Vortrag spontan unterbrochen und das Publikum hat mit lang anhaltendem Beifall seine Freude über ganz besonders gelungene Passagen zum Ausdruck gebracht ... Wie unterscheidet sich dieser quellfrische, natürliche, saubere Humor doch von oberflächlichen Witzeleien, von verletzender Ironie, auch von geistreichem Geplänkel ... Sein Humor hat dagegen die Fähigkeit, eben weil er eine Sache des Herzens ist, die Schwächen des Nächsten in liebenswerter Art zu sehen ... Mitten aus dem Alltag hat er seine Zuhörer auch auf den Friedhof geführt, durch das große, eisengeschmiedete Tor. Diese letzten Dinge aufzuzeigen, gehört auch zu seiner poetischen

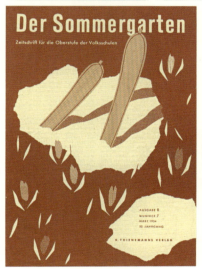 

Skala. Behutsam, nur andeutungsweise berührt er in seinen Gedichten auch immer wieder – meist im letzten Vers – die Endstation unseres irdischen Lebens. Die weitere Auseinandersetzung damit überlässt er dem Einzelnen … Selten hat man wohl so viele fröhliche und vergnügte Gesichter gesehen wie nach dieser Dichterlesung. Auch die Nichtschwaben haben sich von Herzen mitgefreut, ein Zeichen dafür, dass echter Humor nicht örtlich bedingt und volksstammbegrenzt ist, sondern in alle Herzen eindringt, wenn er aus echter und lauterer Quelle kommt.«
Schon 1963, noch im Schuldienst, war Rudolf Weit für eine Stunde, in der Reihe »Lebende Mundartdichter«, im Süddeutschen Rundfunk zu hören. In der Sendung brachte er, wie hinterher zu lesen war, Steinheim und den Albuch mit seinen Besonderheiten im ganzen Land prächtig zur Geltung.

Ehrungen

Das heimatkundliche Schaffen und Wirken Rudolf Weits sowie sein Streben, unsere Mundart lebendig zu erhalten, konnte überörtlich nicht verborgen bleiben. So durfte er, in besonderer Würdigung seiner hervorragenden Verdienste, aus der Hand von Ministerpräsident Lothar Späth am 21. April 1979 im Ludwigsburger Schloss die Verdienstmedaille des Landes Baden-Württemberg entgegennehmen. Dieser nur selten zuerkannte Orden ist die höchste Auszeichnung, die das Land zu vergeben hat. Geehrt wurden bei dem vom Südwestdeutschen Kammerorchester Pforzheim musikalisch umrahmten Festakt u.a. auch so bekannte Persönlichkeiten wie z.B. Professor Dr. Joachim Zahn (Daimler-Benz-Chef), Graf Lennart Bernadotte (Insel Mainau), Turnweltmeister Eberhard Gienger und Birgit Keil (Erste Ballerina am Stuttgarter Ballett).
Schon zwei Jahre zuvor errang Rudolf Weit bei dem vom Land zusammen mit dem Landesseniorenrat veranstalteten Wettbewerb »Ältere Menschen schreiben Geschichte« unter mehr als 2000 Einsendern mit seinem Beitrag *Das Wunder des 24. Dezember 1944* einen 1. Preis. Die Preisverleihung am 26. September 1977 nahm in der Stuttgarter Liederhalle die Ministerin für Gesundheit, Arbeit und Sozialordnung, Annemarie Griesinger, vor. Bei der Würdigung wurde die Geschichte von Rudolf Weit als »die hervorragende Erzählung eines Beispiels echter Menschlichkeit« bezeichnet. Diese von dem Autor selbst erlebte Begebenheit beschreibt, wie ein altes russisches Mütterchen am Heiligen Abend 1944 die Hungernden durch den Zaun des sibirischen Kriegsgefangenenlagers mit einem Brotlaib beschenkte.

Die Privatsphäre

Rudolf Weit lebte mit seiner Frau eher zurückgezogen in seinem Häusle in der Steinheimer Gartenstraße. Bei Spaziergängen und Wanderungen inspirierte er sich für seine Arbeit. Sein rastloses Schaffen ließ ihm wenig Zeit für anderes. Doch eines war ihm wichtig: die Mittwochsrunde im Sontheimer Wirtshäusle. Bei diesem seit 1952 bestehenden Stammtisch mit Arzt, Notar, Pfarrer, Forstmeister, Bürgermeister, Architekt, Veterinär, Apotheker, Studiendirektor und anderen honorigen Persönlichkeiten durfte der Leiter der Steinheimer Schulen natürlich nicht fehlen. Er be-

Rudolf Weit mit Ministerpräsident Lothar Späth anlässlich der Verleihung der Verdienstmedaille des Landes Baden-Württemberg am 21. April 1979

reicherte die Gesprächsrunde stets mit seinem unerschöpflichen heimatkundlichen Wissen und Ergebnissen aus seinen Forschungen im Archiv. Und zu aktuellen politischen Themen verschwieg er nicht seine überparteiliche liberale Haltung.

Rudolf Weit verstarb völlig überraschend am Sonntag, den 18. Januar 1987, in seinem 77. Lebensjahr. Noch zwei Tage vorher weilte er bei einer Zusammenkunft der Heimatschriftsteller aus der Region im Rathaus Königsbronn. Er muss es gespürt haben, dass er nicht mehr lange unter den Lebenden sein darf. Im ersten *Albuch Boten* von 1987, am 8. Januar, also nur 10 Tage vor seinem Tod, veröffentlichte er sein Gedicht *Dr nui Kalender*. Dessen letzter Vers lautet:

Älles sait mr mei Kalender,// ohne dass'n fraoga dua,// ond i will an Haufa wissa,// ond drom blätter i ao zua...// 's ischt vielleicht a Blättle dronter – // noi, dao denk'i noh net dra'.// Aber ma muaß freile rechna,// was halt schliaßlich komma ka...

SAOW

Gerhard Banzhaf 1925-1996

Gerhard Banzhaf wurde 1925 in Steinheim geboren. Nach dem Besuch der Volksschule erfolgte seine Ausbildung zum Volksschullehrer in den Jahren 1939 bis 1943 an der Lehrerausbildungsanstalt in Ochsenhausen.
1943 wurde er zum Militärdienst eingezogen. Als Verwundeter durfte sich Gerhard Banzhaf 1945 über eine frühe Entlassung aus der Kriegsgefangenschaft freuen.
Als unständiger Junglehrer wurde er an Schulen in Ulm, Sachsenhausen, Nattheim (1946 bis 1950 als Vertreter des Schulleiters) und Neulautern eingesetzt. Ab 1. April 1953 erfolgte seine planmäßige Anstellung an der Volksschule in Unterkochen. In Unterkochen wirkte er bis zu seiner Pensionierung als angesehene Lehrkraft.
Der beliebte Lehrer und Erzieher brachte seine vielfältigen Fähigkeiten auch im öffentlichen Kulturleben und bei den Vereinen ein.
Viele Jahre war Gerhard Banzhaf unter den Kürzeln bf, ban und baz als Berichterstatter aus Unterkochen für die Schwäbische Post in Aalen tätig. Selbst mehrseitige Sonderberichte wie etwa über die Marienwallfahrtskirche stammten aus seiner Feder.
Bei der Erstellung von Festschriften war er ein begehrter Mitarbeiter.

Helmut Bentz

In Stettin wurde Helmut Otto Gustav Bentz 1935 geboren. Sein Vater war Inspektor bei der Reichsbank. 1942 wurde die Familie wegen Kriegseinwirkungen auf die Insel Rügen evakuiert. Vorübergehende Heimat fand sie auf Parchtitz-Hof nahe der Stadt Bergen, wo die Großeltern einen Hof besaßen. Die Kriegs- und Nachkriegsjahre waren für die schulische und berufliche Bildung äußerst schwierig. Helmut Bentz begann bei der Firma Volksbau-Mecklenburg im April 1950 eine Lehre als Zimmermann. Im Mai 1951 floh er über Westberlin nach Duisburg, wo er im März 1954 bei einer Firma in Duisburg-Meiderich die Lehre beendete.

Evangelische Landeskirche, Gemeinschaften und CVJM wurden ihm zur Heimat. Auch durch den Besuch von Freizeiten wurde der Glaube in ihm lebendig. Erst später hat er die Taufe persönlich angenommen. Im Sommer 1954 nahm er die Berufung der Deutschen Zeltmission an. Im Oktober des gleichen Jahres folgte er der Berufung zur Ausbildung als Prediger und Missionar. Die Ausbildung endete 1959 mit der Ordination. Zusammen mit seiner Frau, die aus Steinheim stammt, übernahm er verschiedene Tätigkeiten in Deutschland und Österreich.
1963 wurde das junge Ehepaar durch die Rheinische-Mission, im Dienst der Evangelisch-Christlichen-Kirche, für Pionierarbeit unter Steinzeitmenschen ins Hochland nach Wamena, Westpapua, Indonesien, berufen.
1966 musste die Familie wegen Gelbsucht und eines komplizierten Beinbruchs nach Deutschland zurück. Nach Wiederherstellung ging die Reise 1967 erneut nach Westpapua, wo Bentz 1965 den Aufbau der Missionsstation Apahapsili begonnen und einen Flugplatz gebaut hatte. Auf einer Erkundungstour wurden fünf seiner junge Mitarbeiter getötet. Helmut Bentz wurde von mehreren Pfeilen getroffen. Nachdem Einrichtungen wie Poliklinik, Handwerkerschule, Bibelschule, Volksschule aufgebaut und neue Gemeinden gegründet waren, reiste die Familie 1975 mit drei dort geborenen Kindern zurück nach Deutschland.
In den Jahren von 1975 bis 1979 wirkte Helmut Bentz als CVJM Landesreferent und wohnte in Walddorf bei Tübingen. 1979 zog die Familie auf den Schönblick in Schwäbisch Gmünd. Die Leitung dieser traditionsreichen und angesehenen Erholungs- und Schulungsheime wurde Helmut Bentz anvertraut. Diese segensreiche Einrichtung der Altpietisten Württembergs (heute die Apis) leitete Helmut Bentz bis zum Ruhestand 1998, den er zusammen mit seiner Frau im Eigenheim in Steinheim am Albuch verbringt.

Neben zahlreichen Beiträgen in Broschüren, Zeitungen und Zeitschriften hat Helmut Bentz die Erlebnisse seiner Familie in der Mission in dem Buch *Lebenszeichen aus der Steinzeit – Missionarische Pionierarbeit in Irian Jaya* festgehalten und veröffentlicht.

Max Riehle

Robert Dürr 1905-1967

Robert Dürr, geboren 1905, entstammte einer alten württembergischen Pfarrersfamilie. Nach dem Studium der Forstwissenschaft in Freiburg und München und einem Einsatz an der Württembergischen Forstdirektion in Stuttgart war er im Nordschwarzwald und im Mainhardter Wald tätig. Es folgten Kriegsdienst und eine lange Kriegsgefangenschaft. Auf die Ostalb versetzt, leitete er von 1951 bis 1966 das Forstamt Steinheim am Albuch. Hier mussten massive Schäden, Folge des Zweiten Weltkriegs und des starken Käferbefalls, behoben werden. Gestützt auf umfassende naturkundliche Kenntnisse, ein immenses Interesse und großen Fleiß, bewältigte er diese Aufgaben mit Feuereifer. Das Forstamt Steinheim wurde unter seiner Leitung Ausbildungsamt für den höheren Forstdienst des Regierungspräsidiums Stuttgart.

Seine engen Verbindungen zum Naturkundemuseum in Stuttgart und zum Geologischen Landesamt in Stuttgart führten in Verbindung mit der Gemeindeverwaltung Steinheim schon 1954 zur Einrichtung eines Heimatmuseums. Dieses erste Heimatmuseum in der Gemeinde Steinheim wurde im Erdgeschoss des Forstamtsgebäudes eingerichtet. In diesem Museum wurden auch die Sammlungen von Sofonias Theuss aufgenommen. Dieses kleine Heimatmuseum wurde von der Familie Dürr liebevoll mit viel Sachverstand betreut. Inhalt und Aufbau des Museums wurden laufend durch Berichte im *Steinheimer Boten* erläutert. Die Einheimischen sollten ein Gefühl für die Besonderheiten der Landschaft und deren Entstehung bekommen. Auf diese Weise konnte den Menschen die Notwendigkeit von Schutzmaßnahmen vermittelt werden. So trug Robert Dürr schon damals zur Sicherung der jetzigen Form und Abgrenzung der Beckenlandschaft in ihrem Dreiklang von Wald, Feld und Heide bei.

Wenn heute das Steinheimer Becken von einem Kranz verschiedener Schutzgebiete umgeben ist und mehrere Museen zum Besuch einladen, geht dies auch auf die Vorarbeiten und Weichenstellungen von Forstmeister Dürr zurück.

Robert Dürr trat 1966 in den Ruhestand und zog nach Creglingen. Dort verstarb er 1967, auf dem Friedhof neben der Herrgottskirche ist er begraben.

SAOW

Gerhard Fiur

Gerhard Fiur wurde 1961 in Itzelberg geboren und besuchte dort die Grundschule. Der weitere Bildungsweg führte über das Hellenstein-Gymnasium in Heidenheim zum Ernst-Abbe-Gymnasium in Oberkochen, wo er 1981 sein Abitur machte.
Das Studium, mit einem Abschluss im Fach Bauingenieurwesen, absolvierte Gerhard Fiur an der TU in München. In den Jahren 1988 bis 2002 arbeitete er bei verschiedenen Ingenieurbüros.
Im Jahre 2002 gründete er in Steinheim ein eigenes Büro für das Bauingenieurwesen. 2007 verlegte er seine Firma nach Königsbronn, wo er mit seiner Familie wohnt.
Gerhard Fiur veröffentlichte eine Arbeit über »Die Nutzung der Wasserkraft am Brenzursprung«. Dieses Thema hat er gründlich und umfassend aufgearbeitet.
Wir dürfen uns auf seine nächste Arbeit über die Nutzung der Wasserkraft am Itzelberger See, an der Gerhard Fiur gegenwärtig arbeitet, freuen.

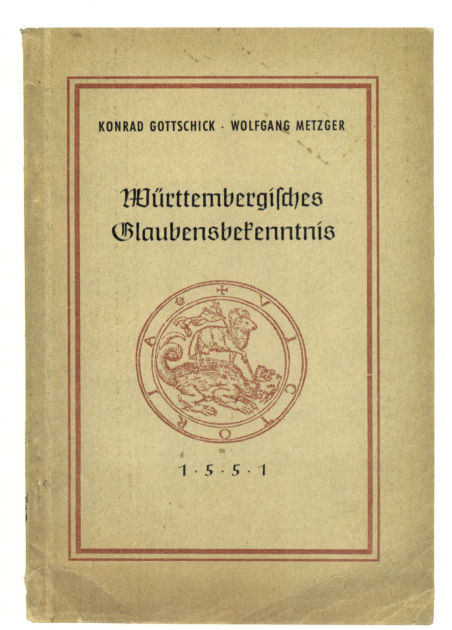

KONRAD GOTTSCHICK · WOLFGANG METZGER

Württembergisches Glaubensbekenntnis

· 1 · 5 · 5 · 1 ·

Quell-Verlag der Evang. Gesellschaft Stuttgart, 1952

Konrad Gottschick 1913-2012

Dr. h.c. Konrad Gottschick

Konrad Gottschick hat für seine Familie einen Lebenslauf geschrieben. In Auszügen aus dieser Schrift soll hier sein Lebensweg nachgezeichnet werden.

Er wurde 1913 in Steinheim geboren. Sein Vater, Forstmeister Franz Gottschick, leitete damals das Forstamt Steinheim. Die ersten Schuljahre besuchte Konrad die evangelische Volksschule in Steinheim und wechselte 1922 an das Realgymnasium Heidenheim. Damals gab es für Schüler noch keine Möglichkeit, täglich von Steinheim nach Heidenheim zu fahren. Konrad wohnte als Pensionär – in Kost und Logis, wie man sagt – bei der Familie des evangelischen Pfarrers. 1923 übernahm sein Vater das Forstamt Einsiedel bei Tübingen. Nun wechselte Konrad an das Uhland-Gymnasium in Tübingen. An dieser Schule legte er 1931 das Abitur ab und studierte anschließend evangelische Theologie in Tübingen und Marburg.

1935 beendete er sein Studium, und im März 1935 wurde er ordiniert. Nach Tätigkeit an verschiedenen Dienstorten als unständiger Theologe bekam er 1939 eine erste Anstellung als Pfarrer in Vaihingen auf den Fildern. Wie alle wehrfähigen Männer dieser Jahrgänge musste auch er eine dreimonatige Grundwehrübung (1939) ablegen. Schon 1940 wurde er wieder eingezogen. Diesmal dauerte sein Einsatz länger. Er kam in amerikanische Kriegsgefangenschaft, aus der er erst im Januar 1947 entlassen wurde.

1950 übernahm Konrad Gottschick die Pfarrstelle an der Stiftskirche in Stuttgart. Es folgten arbeitsreiche Jahre. Neben der Betreuung seiner Kirchengemeinde musste er die Leitung des Wiederaufbaues der Stiftskirche, des Pfarrhauses und des Gemeindehauses bewältigen. Zusätzlich waren zahlreiche Tätigkeiten von überörtlicher und überregionaler Bedeutung zu übernehmen.

1957 wurde Konrad Gottschick Mitglied des Evangelischen Oberkirchenrates. Auch in dieser Tätigkeit war er weiterhin in vielen Positionen eingebunden und tätig. Besonders wichtig war die Tätigkeit als Referent für die Ausbildung für Studenten und Vikare. Diese Tätigkeit mündete in der Übernahme des Personalreferates des Oberkirchenrates im Jahre 1966 für die ständigen Pfarrer, für die Dienstprüfungen und für die Fortbildung. In diese Epoche fielen zahlreiche Änderungen und Neuerungen im Studium und in der Tätigkeit für Theologen. Viele ehrenamtliche Tätigkeiten in kirchlichen Organisationen und Vereinen übte Konrad Gottschick zusätzlich aus. In seiner gesamten Berufslaufbahn war er als Referent für Vorträge und als Autor von Stellungnahmen und Grundsatzpapieren gefordert. Zahlreiche Publikationen legen davon Zeugnis ab. Sein Schriftenverzeichnis umfasst mehrere Seiten.

Seine offizielle Tätigkeit endete im April 1979 mit dem Eintritt in den Ruhestand.

Ein Jahr vor Beendigung seiner beruflichen Tätigkeit als Oberkirchenrat wurde Konrad Gottschick für seine Anstöße und seine Beiträge zur Pietismusforschung in Württemberg die Ehrendoktorwürde der evangelischen Theologischen Fakultät in Tübingen verliehen.

Noch im hohen Alter hat Konrad Gottschick durch Besuche im Meteorkratermuseum in Steinheim seine Verbundenheit mit seinem Geburtsort gezeigt. Wie die Forschungsarbeit seines Vaters in diesem Museum gewürdigt wird, hat ihn sehr beeindruckt.

Kurz vor seinem 99. Geburtstag ist Oberkirchenrat a.D. Dr. h.c. Konrad Gottschick verstorben. In den Nachrufen werden sein engagierter Einsatz in vielen Bereichen der Theologie und seine vielseitige Tätigkeit für die evangelische Landeskirche Württemberg gewürdigt.

Rita Greß

Rita Greß, geb. Rosentals, wurde 1953 in Steinheim geboren. In Steinheim besuchte sie auch die Schulen und legte an der Realschule Steinheim die Mittlere Reife ab.
Anschließend absolvierte sie eine Ausbildung zur Industriekauffrau bei der Firma Voith in Heidenheim. Nach dem Abschluss der Kaufmannsgehilfenprüfung ging Rita Gress wieder zur Schule und studierte anschließend Sprachwissenschaften mit dem Schwerpunkt Russisch.
Seit 1987 lebt Rita Gress in Lohr a.M., dort unterrichtete sie am Franz-Ludwig-von-Erthal-Gymnasium Sprachen mit dem Schwerpunkt Russisch.
Seit 1993 ist sie außerdem für die Lokalredaktion der Mainpresse in Würzburg tätig. Ihre Vorliebe bei der Berichterstattung gilt der Kultur.
Über Kontakte zum Literaturkreis »Eselsohr« in Gerstetten veröffentlichte sie im *Wortbrunnen*, einer Anthologie dieser Literaturgruppe, die beachtenswerte Geschichte »Doch die Liebe stirbt zuletzt«.

Thomas Hardtmuth

Dr. Thomas Hardtmuth wurde 1956 in Heidenheim geboren. An seinem Geburtsort ging er auch zur Schule. 1976 legte er an der Freien Waldorfschule Heidenheim das Abitur ab. Nach dem Abitur leistete er seinen zweijährigen Zivildienst an der Filderklinik in Stuttgart ab.
Von 1978 bis 1985 studierte Thomas Hardtmuth an der TU und an der LMU in München Medizin. Nach seinem Universitätsabschluss arbeitete er an der chirurgischen Abteilung im St. Elisabeth-Krankenhaus in Dillingen. Von 1990 bis 1994 wirkte er am Klinikum Heidenheim im Bereich Viszeral-, Thorax- und Gefäßchirurgie. In diesen Jahren promovierte er zum Dr. med. zu dem Thema »Verfahrenswahl in der Hernienchirurgie«. 1991 wurde er als Facharzt für Chirurgie anerkannt.
Die Jahre 1994 bis 1996 nutzte er intensiv zur Weiterbildung, mit Schwerpunkt Thoraxchirurgie, bei Prof. Dr. Sunder-Plassmann für Thorax- und Gefäßchirurgie an der Universitätsklinik Ulm und erwarb die Anerkennung im Schwerpunkt Thoraxchirurgie. Seit 1996 ist Dr. Hardtmuth Oberarzt der Klinik für Viszeral-, Thorax- und Gefäßchirurgie am Klinikum Heidenheim.

1999 besuchte Hardtmuth ein berufsbegleitendes Lehrerseminar an der Freien Waldorfschule in Heidenheim.
Seit 2000 bringt er sein Wissen und seine Fähigkeiten nicht nur als Oberarzt des Klinikums ein, er gibt sein Wissen über Vorträge und Seminare, z.B. am Gesundheitsforum Heidenheim, beim Seminar für Kunsttherapie in Blaubeuren oder bei der Arbeitsgruppe goetheanistischer Naturwissenschaftler in Öschelbronn, weiter. Außerdem publiziert Dr. Hardtmuth in wissenschaftlichen Zeitschriften und schreibt Fachbücher. In den letzten Jahren sind folgende Bücher von ihm erschienen:

- Das verborgene Ich – Aspekte zum Verständnis der Krebskrankheit, Amthor Verlag, Heidenheim 2003
- Denkfehler – Das Dilemma der Hirnforschung, Amthor Verlag, Heidenheim 2006
- In der Dämmerung des Lebendigen – Hintergründe zu Demenz, Depression und Krebs, Amthor Verlag, Heidenheim 2011

Seit 2012 ist Dr. Hardtmuth Dozent für Gesundheitswissenschaften an der Dualen Hochschule Baden-Württemberg.
Thomas Hardtmuth ist verheiratet und hat drei Kinder. Mit seiner Familie wohnt er seit 1991 in Steinheim.

SAOW

Michael Heidler

1975 geboren in Heidenheim/Brenz, 1994 Abitur am Wirtschaftsgymnasium in Heidenheim/Brenz, 1994/1995 Bundeswehr (Jagdbombergeschwader 34 »Allgäu« in Memmingen), 1995–1998 Berufsakademie Heidenheim/Brenz mit Firma E. Kieffer in Steinheim (duale Ausbildung), Abschluss Diplom-Betriebswirt (BA), seit 1995 beschäftigt bei Firma E. Kieffer Gebäudereinigung GmbH & Co. in Steinheim.

Aus meinem allgemeinen Interesse für Militärgeschichte wurde im Laufe der Zeit ein sehr spezielles Interesse für historische Militärwaffen. Durch intensive Recherchen in Archiven und Museen in aller Welt konnte ich ein umfangreiches Archiv an militärischen Vorschriften, Fotoaufnahmen und sonstigen Dokumenten aufbauen. Meine Reisen führten mich dabei unter anderem in die USA, nach Russland, Pakistan, Nepal, den Iran und zahlreiche andere Länder. Seit 1999 bin ich Mitglied im »Verband für Waffentechnik und -geschichte e.V.« und schreibe Artikel für deren Verbandszeitschrift. Seit über zehn Jahren schreibe ich zudem unregelmäßig Artikel für die Zeitschrift *VISIER – Das internationale Waffenmagazin*. Hin und wieder erscheinen auch Artikel von mir in ausländischen Zeitschriften.

In den letzten Jahren habe ich fünf Fachbücher zu militärgeschichtlichen Themen veröffentlicht.

SAOW

Matthias Ihden

Geboren 1962 in Berlin (West), Schulabschluss mit Fachabitur, Mitarbeiter der Berliner Festspiele GmbH (Berliner Festwochen, Internationale Filmfestspiele Berlin, Theatertreffen Berlin, Jazzfest Berlin), Ausbildung als Industriekaufmann, Umstieg in die aufsteigende IT-Branche Mitte der Neunziger Jahre, Projektmanagement, Spezialisierung auf den Bereich Außenwirtschaftliche Abwicklung und deutsch/europäisches Zollrecht in IT-Systemen, bundesweite Fachvorträge in Unternehmen, Industrie- und Handelskammern.

Durch die Mitwirkung an der »Staufersaga« in Schwäbisch Gmünd im Jahre 2012 wurde das Interesse an historischen Theaterstücken geweckt. 2013 beginnen erste Recherchen zur Stadtgründung und zur historischen Stellung und Bedeutung der Stadt Schwäbisch Gmünd im Zeitraum von 1140 bis 1152. Dann verfasst er das historische Theaterstück »Gaude Munde Gamundia« (Freue dich Gamundia): 52 mitwirkende Darsteller, 2,5 Stunden Spielzeit, Ihden inszeniert das Theaterstück und führt selbst Regie. Das Theaterstück wird im Rahmen der Landesgartenschau Schwäbisch Gmünd 2014 mehrmals aufgeführt. In der Folge finden weitere Aufführungen mit bis zu 5500 Zuschauern statt. Derzeit arbeit Matthias Ihden an verschiedenen historischen Stücken.

Ernst-Ulrich Jaeger

Ernst-Ulrich Jaeger erblickte 1939 das Licht der Welt. Sein Vater war Pfarrer. Durch die Wirren in der Nachkriegszeit und durch die Tatsache, dass Pfarrer regelmäßig versetzt werden, kam die Familie über mehrere Stationen 1949 nach Scherneck im Kreis Coburg. Bis zur Ablegung der Reifeprüfung 1958 besuchte er das humanistische Gymnasium Casimirianum in Coburg.
Anschließend studierte Ernst-Ulrich Jaeger an der TU in München und beendete das Studium im Sommer 1964 mit dem Abschluss Dipl.- Ing./ Allgemeiner Maschinenbau.
Schon am 1. September 1964 begann der junge Ingenieur seine Tätig-

keit bei der Firma Voith in Heidenheim. 12 Jahre arbeitete er in der Abteilung hydraulische Entwicklung und Versuche (Turbinenbau). Weitere 12 Jahre war er in dieser Abteilung Gruppenleiter. Die letzten Jahre seiner beruflichen Tätigkeit war er Leiter der Produktentwicklung (Hydraulic Engineering, Labor, Messtechnik, Anlagenmessungen). Seit Januar 2003 ist Ernst-Ulrich Jaeger im Ruhestand.
Während seiner gesamten Berufstätigkeit pflegte er wissenschaftliche Kontakte zu den Hochschulen Darmstadt, München, Stuttgart, Lausanne und Trondheim sowie zu Einrichtungen, die sich mit Strömungsmaschinen beschäftigen.
Ab 1968 veröffentlichte Ernst-Ulrich Jaeger in der Fachzeitschrift *Brennstoff-Wärme-Kraft* und in den Publikationsreihen der Firma Voith.
Die Familie Jaeger hat in Steinheim Heimat gefunden.

Gabriele Junginger

Gabriele Junginger wurde 1956 in Steinheim geboren. Das Abitur legte sie am Wirtschaftsgymnasium in Heidenheim ab. Von 1975 bis 1978 studierte sie Germanistik, Philosophie und Romanistik in Tübingen und besuchte anschließende bis 1981 die Fachhochschule für das Bibliothekswesen in Stuttgart. 1981 legte sie die Diplomprüfung ab. Das Thema ihrer Diplomarbeit lautet »Wilhelm Hauffs Theorien zur Unterhaltungsliteratur«.
1991 erschien im Attempto Verlag das von ihr herausgegebene Buch *Maria Gräfin von Linden – Erinnerungen der ersten Tübinger Studentin*.
In *Frauenleben in München* wurde ein Beitrag von ihr unter dem Titel »Der Briefwechsel von Marianne Plehn mit Ricarda Huch« veröffentlicht.
Gabriele Junginger lebt und arbeitet in München.

Walter Junginger

Walter Junginger kam 1925 in Steinheim im unteren Dorf zur Welt. Er besuchte die Volksschule in Steinheim. Dort war auch Rudolf Weit einer seiner Lehrer. Walter Junginger gehörte zum letzten Jahrgang, der 1938 nach sieben Jahren Volksschule aus der Schule entlassen wurde. Im letzten Schuljahr wurden die Schüler auch konfirmiert. Sein Wunsch, Förster zu werden, wurde ihm nicht erfüllt. So begann er 1939 eine Lehre in Steinheim und erlernte das Zimmererhandwerk. Walter gehörte zu den Jahrgängen, die das Jungvolk, die HJ, den Reichsarbeitsdienst und den Wehrdienst »erleben durften«, und so musste er nach Abschluss der Lehrzeit für drei Monate zum Reichsarbeitsdienst. Anschließend meldete er sich freiwillig zur Wehrmacht. Er hoffte, dass er nach Beendigung der Dienstzeit eine Anstellung im öffentlichen Dienst – möglicherweise als Förster – bekommen würde. Bei Kriegsende kam er in englische Kriegsgefangenschaft, wurde aber sehr rasch entlassen. Nach dem Krieg arbeitete er noch einige Jahre als Zimmerer in Steinheim und wechselte dann in die Betriebszimmerei der Firma Voith in Heidenheim. Im Ruhestand widmete er sich verstärkt der Jagd und dem Schreiben. Viele Jahre hat er sich als Hegeringleiter für die Jagd sowie für Natur- und Umweltschutz eingesetzt.
2008 veröffentlichte er das Bändchen *Heimat- und andere Geschichten* mit Illustrationen von Karl Sanwald.

Josef Käßmann

Josef Käßmann wurde 1935 in Schambek, im Kreis Budapest in Ungarn geboren. Da seine Familie deutscher Abstammung war, wurde sie 1946 vertrieben. In Heidenheim fanden die Käßmanns eine neue Heimat. Seine Schulbildung musste er an der Volksschule in Heidenheim mit dem Besuch der Klassen sechs bis acht beenden. In den Nachkriegsjahren war es nicht einfach, einen Ausbildungsplatz zu finden. 1949 begann Josef Käßmann eine Lehre zum Weber bei der Firma Ploucqet in Heidenheim. Im Alter von 23 Jahren legte er nach dem Besuch des Staatlichen Technikums in Reutlingen dort die Prüfung zum Webmeister ab.
In seiner Freizeit war er von 1957 bis 1961 als Feuerwehrmann bei der FFW Heidenheim aktiv. Ab 1961 gehörte er aktiv zur Werksfeuerwehr der Firma Ploucqet, deren Leitung er von 1980 bis 1992 innehatte. Seit 1993 ist Josef Käßmann im Ruhestand und wohnt in Steinheim.
Im seinem Buch *Zurück ins Mutterland* hat er seine Erinnerungen niedergeschrieben.

Dieter Eisele

Eugen Kieffer 1909–1989

Getriebener, Unternehmer, Naturfreund

In seinem Nachlass fand sich ein Ordner mit 120 Schreibmaschinenseiten, auf denen Eugen Kieffer, fein säuberlich und wohlformuliert, unter dem Titel »Meine ersten 44 Lebensjahre« sein bis dahin bewegtes, ja außergewöhnliches Leben beschrieb. Die Familie erkannte in dem Werk ein zeitgeschichtliches Dokument über ein Einzelschicksal zwischen Krieg und Frieden, zwischen Deutschland und Frankreich, zwischen den Wirren der Politik und brachte das Original, dank eines gelungenen fotomechanischen Verfahrens, in geringer Auflage als ansprechendes Buch heraus.

In Lothringen als Deutscher geboren, wuchs Eugen Kieffer wohlbehütet in einem gutbürgerlichen Elternhaus auf. Nach dem 1918 verlorenen Ersten Weltkrieg erhielt er, gleich seinen Eltern, zwangsweise die französische Staatsbürgerschaft, da Lothringen von Deutschland an Frankreich abgetreten werden musste. Er entwickelte sich zu einem selbstbewussten und mutigen Jungen, der in seinem jugendlichen Umfeld – nicht zuletzt dank vieler sportlicher Erfolge – immer anerkannt und tonangebend war, auch bei so manchen Lausbubenstreichen.

Nach der Schule wollte Eugen Kieffer unbedingt zum Militär, am liebsten als Kolonialsoldat nach Afrika. Doch sein Vater lehnte dies strikt ab und vermittelte ihm eine Zahntechnikerlehre, die er – mit Widerwillen – bis zum Abschluss durchhielt. Danach heuerte er, gegen alle Widerstände aus der Familie, bei einem in Tunesien stationierten Kavallerieregiment an. Er schreibt in seinen Erinnerungen, dass dies sein größter Fehler war, denn er hielt es dort nicht aus und wurde – wie er sagt – zum Deserteur und Kollaborateur und tauchte unter. Nach der Besetzung von Frankreich durch die Deutschen im Zweiten Weltkrieg wurde ihm, dem Deutschstämmigen, die Leitung des Luxemburger Jugendsports als hauptamtliche Betätigung angeboten, für die er besonders prädestiniert war. Und als sich nach der Invasion 1944 das deutsche Militär aus Frankreich zurückzog, schlug sich Eugen Kieffer nach Deutschland durch und erlebte dort das Kriegsende. Als gesuchter Deserteur wäre er in Frankreich vor Gericht gestellt worden. Neun Jahre lebte er deshalb auch unter falschem Namen und mied bewusst die französische Besatzungszone.

Eugen Kieffers Leben entwickelte sich, nach seinen von ihm beschriebenen so schicksalhaften »ersten 44 Jahren«, zu einer richtigen Erfolgsgeschichte. Mit 45 gründete er als Ein-Mann-Betrieb ein Unternehmen in der Reinigungsbranche. Alte Steinheimer erzählen noch heute von dem Mann, der auf dem mit Eimer und Putzgeräten bestückten Fahrrad durch den Ort fuhr. Heute ist das von Sohn Klaus geführte 1600 Mitarbeiter beschäftigende Familienunternehmen in Steinheim am Albuch mit Abstand größter Arbeitgeber.

Der erfolgreiche Unternehmer lebte mit seiner Familie eher bescheiden in seinem Häusle. In der Öffentlichkeit wurde er selten gesehen, wiewohl er sich im sozialen Bereich im Hintergrund und ohne großes Aufsehen stets engagierte. Seine große Leidenschaft gehörte der Natur. Nichts tat er lieber, als in ausgedehnten Spaziergängen sich an der schönen Landschaft zu erfreuen und dabei Mineralien zu sammeln und selbst zu bearbeiten. Nach einem anfangs aufregenden, später überaus erfüllten und erfolgreichen Leben verstarb Eugen Kieffer am 26. Januar 1989.

SAOW

Klaus-Dieter Kirschner

1950 kam Klaus-Dieter Kirschner in Kamenz in Ostsachsen zur Welt. Die Eltern flüchten über Berlin und Traunstein (Oberbayern) in den Westen, seit 1956 lebt er in Steinheim. Er hat drei Geschwister.
Nach vier Jahren Grundschule an der Philipp-Friedrich-Hiller-Schule Steinheim wechselt er auf die Albert-Schweitzer-Realschule in Heidenheim, das Abitur macht er am Wirtschaftsgymnasium Heidenheim.
Er leistet seinen Wehrdienst beim Luftwaffenunterstützungskommando in Karlsruhe, danach folgen unzählige Wehrübungen und die Weiterqualifizierung zum Pressestabsoffizier (unter anderem an der Führungsakademie der Bundeswehr in Hamburg). Zuletzt ist er wehrübender Leiter der Presse- und Öffentlichkeitsarbeit der 10. Panzerdivision Sigmaringen. Diese Tätigkeit endete altersbedingt und mit der Auflösung der 10. Panzerdivision.
Nach dem Wehrdienst profitieren die Feuerwehren im Kreis Heidenheim und der Landesfeuerwehrverband von Kirschners früherer Tätigkeit, er wird Fachgebietsleiter für Presse- und Öffentlichkeitsarbeit. Verbunden damit ist die zentrale Rolle des Pressesprechers.
Kirchner beginnt ein Volontariat beim Zeitungsverlag Waiblingen, die meiste Zeit davon ist er bei der *Welzheimer Zeitung* tätig. Da dort keine Planstelle frei ist, wechselt er zu den *Badischen Neuesten Nachrichten*, dort ist er verantwortlicher Redakteur für die Bereiche Gaggenau und Murgtal. Das Namenskürzel »kdk« ist sein Markenzeichen, gerne wird es auch einmal umgemünzt in »Kadastrophaklaus«.
Seit 1978 arbeitet Klaus-Dieter Kirschner bei der *Heidenheimer Neuen Presse* und der *Heidenheimer Zeitung* hauptberuflich als Redakteur.
Kirschner engagiert sich in vielfältiger Weise im Ehrenamt: Er leitet das Team »Festbuch zum 50-jährigen Bestehen des Kreisfeuerwehrverbands Heidenheim«, verfasst eine Anzahl weiterer Festschriften für Vereinsjubiläen, er bebildert oder textet, er ist Mitautor eines Bildbandes über Gaggenau. Regelmäßig schreibt er für die Landesfeuerwehrzeitung *Brandhilfe*. Es erscheinen Auftragsarbeiten für den Blasmusikverband und den Landesfeuerwehrverband zu unterschiedlichen Themen.
»Verschiedene Persönlichkeiten aus der Region nutzen meine Begabungen als Redenschreiber.«
Klaus-Dieter Kirschner (Vater zweier Kinder) ist auch im kirchlichen Bereich sehr engagiert, als Prädikant ist er oft sowohl im evangelischen Kir-

chenkreis Heidenheim als auch in der Militärkirchen-Gemeinde Sigmaringen unterwegs. In Vertretung von urlaubenden oder sonst verhinderten Pfarrern feiert er Gottesdienste.

Frieda Klopfer 1923-2008

Frieda Klopfer wurde 1923 in Steinheim geboren. Sie besuchte, wie in dieser Zeit gesetzlich vorgeschrieben, sieben Jahre zuerst die evangelische, ab 1936 die Deutsche Volksschule in Steinheim. Anschließend besuchte sie ein Jahr die Handelsschule in Heidenheim.
Vor der Berufsausbildung folgte das damals übliche Pflichtjahr. Danach war Frieda Klopfer von 1942 bis 1983 bei der Landkreisverwaltung in Heidenheim als Sekretärin tätig. Ab 1983 war sie im Ruhestand. Frau Klopfer verstarb 2008.
Frieda Klopfer schrieb Gedichte, meist in schwäbischer Mundart. Anregung und Themen fand sie in der Natur, in der Liebe zu ihrer Heimat und in den Begegnungen und Ereignissen im Dorf.
Große Freude empfand sie immer dann, wenn eines ihrer Gedichte im *Steinheimer Bote* veröffentlicht wurde.

SAOW

Eva Loessin-Kühn

Geboren wurde ich 1950 im milden Klima von Saarbrücken, weshalb ich auch nach über 30 Jahren in jedem Frühjahr wieder staune, dass ich in ein- und derselben Woche von meiner Winter- bis zu meiner Sommergarderobe alles aus dem Schrank holen kann.
In Scheidt habe ich dann die Grundschule besucht, übrigens zusammen mit meinem späteren Mann und auch mit meinem heutigen Schwager zusammen in einer Klasse, nichts ahnend und an beiden nicht besonders interessiert. Für mich halt »Jungs eben«. In St. Ingbert, einer Nachbarkleinstadt, besuchte ich dann das Mädchengymnasium der Armen Schulschwestern und legte dort auch das Abitur ab.
Bei der Anmeldung zum Studium (Deutsch und Geschichte) traf ich meinen späteren Mann wieder und sah ihn nun mit anderen Augen an. Seitdem sind wir ein Paar. Nach dem Referendariat verschlug es uns zunächst nach Löningen bei Oldenburg, wo wir sehr herzlich aufgenommen wurden und viele Freunde fanden, trotzdem aber unser geliebtes Saarland mit Familie und Freunden sehr vermissten. So versuchten wir näher Richtung Heimat zu kommen und landeten schließlich auf der Ostalb, wo auch meine Schwester und ihre Familie inzwischen wohnten, sodass wir uns schon ein bisschen mit den hiesigen Gepflogenheiten auskannten. Wir wohnten zunächst in Nattheim und nunmehr seit über 30 Jahren in Steinheim, wo auch unsere drei Töchter aufwuchsen. Bis zum Ende des letzten Schuljahres waren wir im Schuldienst tätig, am Werkgymnasium Heidenheim.
Meine Schreibtätigkeit begann ich vor über zwanzig Jahren. Ich habe inzwischen zwei Bände Gedichte geschrieben, eine Reihe von Geschichten, Aphorismen und ein kleines Kinderbuch, aber nichts veröffentlicht. Das Schreiben hat mir Gelegenheit gegeben, mir über vieles klar zu werden, zu mir selbst zu finden, hat mir über schwere Zeiten hinweggeholfen und mir viel Freude bereitet.
Inzwischen bin ich Oma von sieben Enkelkindern und lebe immer noch in Steinheim.

Ulrich Herrmann

Otto Müller 1899-1960

Wer Otto Müller und seine vielseitige Begabung gekannt hat, wird sich für seine Lebensgeschichte interessieren: Schon im Alter von drei Jahren verlor Otto Müller – 1899 in Waiern/Österreich als Sohn eines Diakons geboren – seinen Vater und siedelte als Halbwaise mit seiner Mutter zunächst in deren Heimat nach Magstadt über, wo er den Kindergarten, ab 1905 die Volksschule und nach Wiederverheiratung der Mutter ab 1907 die Volks- und Realschule in Schwenningen besuchte. Bereits in dieser Zeit wird das zeichnerische Talent des jungen Schülers entdeckt und gefördert. Mit Stift und Tusche, aber auch in Farbe hält er seine Umgebung fest, dokumentiert sie auf Papier und entwickelt aus diesen Anfängen vielfältige Anwendungen, die er später als Lehrer im Unterricht und für sein heimatliches Umfeld ausbaut. Als er nach seinem Wehrdienst und seiner in Stuttgart abgelegten 2. Dienstprüfung 1924 als unständiger Lehrer nach Aldingen und Freudenstadt kommt, beginnt er zu fotografieren. Eine Leica ist es, die ihn von nun an durch sein ganzes Leben begleiten wird und die es ihm ermöglicht, seinen Horizont abzubilden und festzuhalten. So ist es kein Wunder, dass er 1928, als er in Söhnstetten seine Stelle als planmäßiger Lehrer antritt, sich nicht nur für den Unterricht in seiner Klasse interessiert, sondern auch für die Ortsgeschichte. Er reist in die Bibliotheken und Archive der Umgebung und darüber hinaus, sucht und findet Dokumente und Zeitzeugnisse aus der Besiedlungsgeschichte von Söhnstetten sowie ihren Einwohnern und hält die Forschungsergebnisse in seinen Aufzeichnungen fest. Diese selbstgewählte Aufgabe versteht er keineswegs nur als persönliches Hobby, sondern auch als Bestandteil seines Bildungsverständnisses für die heranwachsende Generation. Im Alter von 33 Jahren gründet Otto Müller mit Anna Stähle aus Magstadt einen eigenen Hausstand im Gemeindehaus von Söhnstetten, aus dem alle sechs Kinder, drei Jungen und drei Mädchen, entwachsen. Die ganze Familie gehört der Altpietistischen Gemeinschaft an. So überrascht es nicht, dass Otto Müller auch nach 1933 seiner christlichen Überzeugung treu bleibt, als andere Lehrer ihren Religionsunterricht niederlegen. Ob es an dieser Haltung liegt, dass er bereits kurz vor Kriegsausbruch im August 1939 als erster Lehrer des Kollegiums eingezogen wird, lässt sich nicht beweisen. Tatsache bleibt, dass er erst nach dem Krieg, nach französischer Kriegsgefangenschaft und

Otto Müller mit einem seiner beiden Söhne

demütigender Arbeit im Steinbruch, 1947 seinen Dienst als Schulleiter in Söhnstetten wieder aufnehmen kann. Wie sehr er während seiner langen Abwesenheit an seiner Heimat Söhnstetten hing, ist heute noch ganz konkret an Zeichnungen aus der Kriegsgefangenschaft zu sehen: Bauernhäuser seiner Nachbarschaft, naturgetreu aus dem Gedächtnis mit Buntstiften auf bedrucktem Packpapier gemalt. Dass er trotz dieser Liebe zur Ostalb 1950 als Rektor nach Bondorf wechselte, wollte er seinen Kindern schulden, um ihnen den Weg in weiterführende Schulen zu ebnen. Auch an seinem neuen Wirkungsort blieb er in ein Netz von zahlreichen haupt- und ehrenamtlichen Aufgaben in verantwortlicher Position eingebunden, beispielsweise auch im Volksbildungswerk, der Bodendenkmalpflege, in der Hahn'schen Gemeinschaft oder der Lehrergemeinschaft. Als er 1960 im Alter von nur 61 Jahren nach einer Herzerkrankung in Bondorf starb, wurde er am Grab auf dem Friedhof in Magstadt von seinen zahlreichen Freunden, Lehrerkollegen und Schulräten besonders wegen seiner ungewöhnlich vielfältigen Begabung, die er weitergab, wegen seiner christlich begründeten Charakterfestigkeit und seines ausgeprägten Familiensinns geehrt und gewürdigt.

SAOW

Karlheinz Oesterle

Geboren 24. September 1953 in Göppingen. Als zweites Kind und erster Sohn des Metzgermeisters und Wirts Karl Oesterle und seiner Ehefrau Lilo (geb. Stütz) wuchs ich mit neun weiteren Geschwistern auf.
Nach der Grund- und Realschule Ausbildung zum Metzger im väterlichen Betrieb. Nach dem Zivildienst Ausbildung zum Jugendreferenten an der kirchlichen Ausbildungsstätte Karlshöhe/Ludwigsburg. Jugendreferent in den evangelischen Kirchengemeinden Heidenheim und Tuttlingen. Leiter einer christlichen Lebensgemeinschaft in Pfalzgrafenweiler/Edelweiler. Gemeindediakon im Kirchenbezirk Heidenheim mit Schwerpunkt Steinheim a.A.
Verheiratet mit Elke, geb. Fitzner. Nach ihren schweren Gehirnblutungen pflegte ich meine Frau zehn Jahre bis zu ihrem Tod im Jahr 2012. Gemeinsam haben wir vier Söhne. Während der Krankheitszeit meiner Frau und meiner eigenen schweren Krebserkrankung und nach der schweren Zeit, in einer neuen Partnerschaft mit der Slowakin Erika Majdanova und mit neuer Kraft entstehen viele meiner Texte und Lieder. Ermutigt durch meinen Freund und Musiker Werner Dannemann habe ich inzwischen fünf CDs aufgenommen. Geschichten, Märchen und spirituelle Ermutigungen sind entstanden.
Meine Lyrik und meine Musik zielen auf Einstimmung und Zustimmung zum Leben, zum Sein. Eine herausfordernde Sinnfülle, eine zustimmende Zufriedenheit und Dankbarkeit sind darin zu spüren und wahrzunehmen. Ich versuche das Schwere leicht zu singen. Mystische Elemente schwingen deutlich mit.
Meine Lyrik und meine Musik bewirken eine Art von Umstimmung. Sie bewirken eine Änderung unseres Fühlens, auch unseres Lebensgefühls. Ich werde ruhig in meiner Traurigkeit, meine Unsicherheit löst sich, meine Wut verwandelt sich in Mut. Die Seele kann Trost finden und Kraft schöpfen.
Meine Lyrik und meine Musik versetzen auf ihre eigene Weise in Hochstimmung. Sie unterbrechen die Alltagsroutine und lassen die Grenzen des Gewohnten überschreiten. Wo wenig Anlass zur Hochstimmung besteht, führen sie in eine produktive Verstimmung und halten dadurch die Sehnsucht nach einem wahren Leben wach. So vermitteln sie in besonderer Weise Unterhaltung, indem sie unter allem Halt bieten, zum

Grund, zu den Wurzeln führen. Und sie helfen auch zum Loslassen. Sie machen frei, um über alles reden zu können. So wollen sie beflügeln, Flügel schenken, um zu überwinden, aus den Erfahrungen zu lernen und um sich persönlich zu entwickeln.
Meine Lyrik und meine Musik sind in erster Linie Ausdruck und Spiegel, Stimme meiner Seele, und damit sind sie im besten Sinne seelsorgerlich.

Dieter Eisele

Drei nach dem Zweiten Weltkrieg Vertriebene berichten von ihrer jeweiligen alten Heimat: Andreas Pfaff aus Neudorf, Maria Tobler aus Kroisbach und Maria Welsch aus Weindorf.

Die Autoren bzw. Herausgeber haben vieles gemeinsam: Jahrhundertelang dauerte die deutsche Besiedlung in den ungarischen Dörfern Fertörakos (zu Deutsch Kroisbach), Pilisborosjenö (Weindorf) und der in der Batschka (Jugoslawien) gelegenen Gemeinde Novo Selo (Neudorf). Generationen ihrer Vorfahren waren diese Dörfer zur Heimat geworden. Der große Fleiß der deutschen Siedler, dessentwegen sie einst ins Land geholt wurden, erschuf blühende, vorbildhafte Siedlungen. Mit ihren ungarischen bzw. slawischen Nachbarn lebten die Deutschen einträchtig zusammen, zumal viele auch der gemeinsame katholische Glaube miteinander verband.
Der Zweite Weltkrieg machte diesem friedlichen Leben ein jähes Ende: Die Einwohner der deutschen Dörfer wurden nach dem Krieg von Haus und Hof vertrieben (im Fall Neudorf wagten viele vorher die Flucht) und gelangten wieder in das Land, aus dem ihre Vorfahren einstens, ab dem 17. Jahrhundert (die Donauschwaben teils mit der »Ulmer Schachtel«), ausgewandert waren. Eine ganze Menge Kroisbacher, Weindorfer und Neudorfer »landeten« im Kreis Heidenheim, einige davon wurden in Steinheim ansässig, gründeten ihre Familien und leben heute als angesehene, bestens integrierte Mitbürger hier. Die Liebe und Verbundenheit zu ihrer früheren Heimat ist jedoch nie versiegt. Dies dokumentieren Maria Tobler, Maria Welsch und Andreas Pfaff in ihren Büchern sehr anschaulich. Alle drei sind Mitbegründer und waren bzw. sind führende Persönlichkeiten in ihren kreisübergreifenden Heimatortsgemeinschaften (HOG). Es geht ihnen in ihren mit vielen Bildern ergänzten Textbeiträgen darum, Erinnerungen an die verlorene Heimat, deren Landschaft, Kultur sowie seinerzeitiges Brauchtum dort wachzurufen und den kommenden Generationen einen Einblick in die schicksalhaften Zeitepochen zu vermitteln. Dies gelingt auch in der Steinheimer Heimatstube auf dem Klosterhof, wo die drei selbst auch mit Hand anlegten und ihre Heimatdörfer in eigenen, liebevoll gestalteten Ausstellungen präsentieren. Sie waren bzw. sind auch die Mitinitiatoren der in Steinheim regelmäßig stattfindenden Treffen der zu ihrer HOG gehörenden Landsleuten (»Kiritage«).

Andreas Pfaff

Geboren 1930, aufgewachsen in Neudorf, einem in der Batschka direkt an der Donau gelegenen Ort. Im Oktober 1944 organisierte er als 14-Jähriger die Flucht seiner Familie, die er dazu überredet hatte. Mit Mutter und 8-jährigem Bruder (der Vater war noch bei der deutschen Wehrmacht) erreichte man auf dem nächsten Bahnhof jenseits der Donau kurz vor der russischen Besetzung des Ortes den allerletzten Fluchtzug mit 72 Waggons Richtung Österreich. Von dort ging es nach Westdeutschland. Andreas Pfaff kam nach Dinkelsbühl, wo er eine Lehre zum Wagner und Schreiner absolvierte. Acht Jahre blieb er bei seinem Lehrmeister. 1953 heiratete er dort seine Frau Else, geb. Ganser, eine Einheimische (vier Kinder). Ein Jahr später zog die Familie nach Steinheim in das zwischenzeitlich selbstgebaute Eigenheim. Andreas Pfaff erarbeitete die Dokumentation *Novo Selo – Neudorf, Schwäbisches Dorf in der Batschka 1734–1945* in zwei Bänden (1993 und 1995). Große Unterstützung erfuhr er dabei von seiner in Königsbronn lebenden Landsfrau Ria Neubauer-Haintz. Kurz vor Drucklegung ist ein weiteres Buch, das Andreas Pfaff allein über Leben und Schicksal seiner eigenen Familie herausbringt.

Maria Tobler geb. Draskowitsch 1927–2008

Geboren und aufgewachsen in Kroisbach am Neusiedler See, heiratet Maria noch während des Krieges dort ihren Jugendfreund Hans Tobler. 1946 wird sie deportiert. Über Ulm und Heidenheim erfolgt die Zuweisung nach Steinheim. Ihr Ehemann kommt kurz darauf, nach seiner Entlassung aus russischer Gefangenschaft, nach. Sie haben drei Kinder. Aus kleinsten Anfängen heraus gründete Maria Tobler in Steinheim ein Geschäft für Textilien und Damenmode und wurde eine erfolgreiche Geschäftsfrau. Sie war Gründerin und 1. Vorsitzende des Heimatvereins Kroisbach e.V., der das von ihr initiierte Buch *Kroisbach – Alte Heimat in Ungarn* herausbrachte. In mühseliger Arbeit trug Maria Tobler den Inhalt des Buches mit allen Fakten, Ereignissen und Bildern zusammen. Die übersichtliche Gestaltung des Buchs sowie die Karten und Grafiken besorgte der Heidenheimer Eberhard Stabenow, der auch viele eigene Fotografien vom heutigen Kroisbach beisteuerte. Maria Tobler starb 2008.

Maria Welsch geb. Matuschek 1927-2010

Geboren 1927 in Budapest, aufgewachsen in Weindorf, wurde die 19jährige Deutschstämmige zwangsweise »rückgesiedelt« (vertrieben). Es verschlug sie nach Steinheim. Hier heiratete sie den auch aus der Batschka vertriebenen Friedrich Welsch, Lehrer an der Steinheimer Hillerschule. Sie haben einen Sohn.
Maria (genannt Mizzi) Welsch erarbeitete zusammen mit dem auch aus Weindorf stammenden Heidenheimer Konrektor Alfons Bauer das reich illustrierte Buch *Weindorf – Schicksal und Weg einer ungarndeutschen Gemeinde am Rande der Ofener und Pilischer Berge*. Sie brachte auch einen Band mit der Sammlung aller in ihrer früheren Heimat gesungenen Lieder allein heraus. Maria Welsch starb 2010.

SAOW

Karl Richter 1937-2002

Karl Richter wurde 1937 in Halle an der Saale geboren. Die Familie Richter übersiedelte 1944 nach Lich in Oberhessen und 1954 nach Wuppertal. Nach der Schulausbildung und einer Lehre als Dreher studierte er Maschinenbau in Wuppertal. 1961 kam er nach Heidenheim und fand bei der Firma Voith eine Anstellung als Diplom-Ingenieur bis zu seiner Berentung. 1972 bezog Karl Richter mit seiner Familie (vier Söhne) das eigene Haus in Sontheim im Stubental. Karl Richter starb im Jahre 2002 an den Folgen eines häuslichen Unfalles.
In der Freizeit entstanden viele Gedichte und Kurzgeschichten, die er bei Lesungen – und gern auch bei jeder anderen Gelegenheit – in heiterer Art an die Zuhörer weitergab. Veröffentlicht hat Karl Richter unter dem Pseudonym »Valentin Müller«.

Dieter Eisele

Karl Sanwald geb. 1927

Der in Steinheim lebende Freie Architekt Karl Sanwald, mit außergewöhnlicher künstlerischer Begabung, befasst sich seit seiner Jugend hobbymäßig mit Malen und Zeichnen.

Unzählige Aquarelle und Zeichnungen stammen aus seiner Hand. Höhepunkt seines künstlerischen Schaffens sind die zeichnerischen Impressionen auf dem Jakobsweg von Burgund nach Galicien bis Santiago de Compostela, den er mit seiner Frau Phyllis ab 1991 in drei Etappen mit dem Fahrrad bewältigte. In dem von ihm verfassten großformatigen Buch *Der Jakobsweg* beschreibt er die einzelnen Etappen und das Erlebte ausführlich. Ergänzt ist der Band durch 68 großartige, jeweils an Ort und Stelle geschaffene Freihand-Bleistiftzeichnungen. Aus dem Blickwinkel des Architekten gelingt es ihm, dem Betrachter die Schönheit und Einmaligkeit von Landschaft, Dörfern, Kirchen, Kathedralen, Klöstern, Brücken, Burgen und anderer landestypischer Denkmäler in eindrucksvoller Weise nahezubringen.

Der Jakobsweg

Le Chemin de Saint Jacques
El Camino de Santiago

Von Burgund nach Galicien
Zeichnerische Impressionen auf dem Weg
nach Santiago de Compostela

Karl Sanwald

Salix-Verlag

Erschienen 1995 im Salix-Verlag, Ingoldingen

Zeichnung von Karl Sanwald, 1993, Kathedrale Santiago de Compostela, aus *Der Jakobsweg*

SAOW

Michael Schürle geb. 1972

Nach dem Abitur 1992 am Wirtschaftsgymnasium absolvierte der in Heidenheim geborene Michael Schürle zunächst eine Ausbildung zum Bankkaufmann bei der Heidenheimer Volksbank eG, ehe er 1997 ein Studium der Betriebswirtschaftslehre an der Hochschule in Aalen begann. Während dieser Zeit sammelte er Erfahrungen in den Bereichen Marketing und Controlling bei Behr America in Detroit, USA. Nach bestandenem Diplom im Jahre 2001 arbeitete er bei Voith Paper zunächst als Anwendungsentwickler im IT-Bereich, ehe er 2003 in den Marketing-Bereich wechselte. Dort betreute er in verschiedenen Führungspositionen die Kommunikation der Papiermaschinensparte. Seit 2014 arbeitet Michael Schürle als freier Autor und Redner. Als Autor hat er einen guten Namen.

Helmar Seidel 1926-2013

Helmar Seidel wurde am 25. November 1926 in Niedermülsen in Sachsen geboren.
Die schulische Ausbildung erhält er in Thurm und Siegmar-Schönau, danach besucht er Kurse an der Ingenieurschule Chemnitz.
Dem Einsatz bei der Marine im Zweiten Weltkrieg folgt 1944 die russische Kriegsgefangenschaft bis September 1945. Ende 1945 Neubeginn als Lehrer mit Hilfe von Fernstudiengängen an der Zentralschule Thurm. Als praktizierender Christ erfährt er im kommunistischen System der damaligen DDR große Schwierigkeiten und Ausgrenzung, wird deshalb zweimal entlassen, 1953 vorübergehend (Arbeiteraufstand in Berlin) und 1958 endgültig. Anschließend Tätigkeit als Chemielaborant in Zwickau bis zur Flucht im Oktober 1958 über Westberlin nach Baden-Württemberg.
Da seine Dienstprüfungen aus der DDR nach seiner Übersiedlung in die Bundesrepublik nicht anerkannt werden, muss er die 1. Dienstprüfung nach einem Studium an der Pädagogischen Hochschule Schwäbisch Gmünd (1959-1960) noch einmal ablegen. Die 2. Dienstprüfung absolviert er dann im Rahmen seines schulischen Dienstauftrages. 1960 kommt der junge Lehrer an die Hiller-Schule nach Steinheim. Er übernimmt eine 2. Klasse mit 58 Schülern! An den Oberklassen unterrichtet Helmar Seidel insbesondere die naturwissenschaftlichen Fächer. Mit viel Engagement setzt er sich für den zeitgemäßen Ausbau und die Ausstattung der entsprechenden Fachräume ein. 1966 legt er die Fachprüfungen für evangelische Religion und Chemie für die Realschule ab. Die christliche Erziehung seiner Schüler ist ihm stets ein Anliegen. In Fragen des Unterrichts arbeitet er eng, ja freundschaftlich mit den Schuldekanen zusammen. Ab 1968 bis zu seiner Pensionierung im Jahre 1987 ist Helmar Seidel Konrektor der Hiller-Schule. Bekannt ist er für seine zahlreichen Zusatzunterrichte und ungewöhnlichen Aktionen mit seinen Schülern zum Wohle der Allgemeinheit.
Bildung - auch für die Erwachsenen - ist ihm ein großes Anliegen. Viele Jahre unterrichtet er beim Volksbildungswerk. 1968 übernimmt er die Leitung des Volksbildungswerkes Steinheim und prägt und gestaltet dies 20 Jahre lang bis Ende 1989.
Trotz der vielfältigen dienstlichen Aufgaben ist es ihm wichtig, hinreichend viel Zeit für die Familie zu haben.

Im Ruhestand widmet er sich der heimatgeschichtlichen Forschung. Schwerpunkt ist die Schulgeschichte. Das Ergebnis dieser jahrelangen Arbeit ist eine ausgezeichnete *Chronik der Steinheimer Schulen*, die 1990 im Druck erschienen ist.
Über Jahrzehnte arbeitet er zudem ehrenamtlich in der Hillergemeinde Steinheim mit (Kirchgemeinderat, Männerarbeit, Kirchenchor, Besuchsdienst und Hauskreisleitung).

Hermann Steinmaier 1921-2008

Hermann Steinmaier wurde 1921 im Weindorf Stetten im Remstal geboren. Seine Eltern betrieben eine kleine Landwirtschaft. Der Vater arbeitete als Wagner bei Daimler. Hermann hatte zwei Schwestern. Nach dem Besuch der Volksschule machte er eine Lehre als Metzger. Nach der Lehre ging er, wie damals noch üblich, auf die Walz. Dieser Abschnitt dauerte aber nicht lange, da er nach Hause musste, weil der Vater einen Unfall hatte. Eine Arbeitsstelle fand er in Bad Cannstatt.
Im Februar 1941 wurde er zur Artillerie nach Ulm-Wiblingen eingezogen. Krieg und französische Kriegsgefangenschaft endeten für Hermann Steinmaier im September 1948. Ab 1949 arbeitete er wieder als Metzger. 1953 legte er erfolgreich die Meisterprüfung ab, und 1956 heiratete er. Mit seiner Frau Elsa wagte er den Schritt in die Selbstständigkeit. Es war ein schwieriger Weg. 1958 kam er mit seiner Familie nach Steinheim. Hier hatte das Ehepaar ein Haus gekauft und umgebaut. Auch in Steinheim war der Start schwierig, der Erfolg blieb aber nicht aus.
Seine Erinnerungen hat er in dem Bändchen *Mein Leben* festgehalten.
Hermann Steinmaier starb 2008.

SAOW

Richard Wannenwetsch 1928-2004

Richard Wannenwetsch hatte eine poetische Ader. Bei zahlreichen Anlässen trug er Gedichte vor. Der verdiente und beliebte Lehrer war ein angesehner Mitbürger Steinheims. In vielfältiger Weise engagierte er sich ehrenamtlich. Er starb im November 2004.

1928 bin ich als drittes Kind meiner Eltern in Steinheim geboren. Mein Vater war Fabrikarbeiter, meine Mutter Hausfrau. Mit meinen vier Geschwistern wuchs ich in Steinheim auf. Nach dem Besuch der achtjährigen Volksschule in Steinheim trat ich 1943 in die Lehrerbildungsanstalt in Schwäbisch Hall ein, um mich zum Volksschullehrer ausbilden zu lassen. Schon zwei Jahre später wurde meine Schulzeit durch die Einberufung zum Reichsarbeitsdienst unterbrochen. Nach Kriegsende war ich ein Jahr in der Land- und Forstwirtschaft tätig. Im Herbst 1946 konnte ich meine Ausbildung in der Lehreroberschule in Künzelsau fortsetzen (Anmerkung: Das waren die Vorgängerschulen der Aufbaugymnasien). Dort war ich bis Sommer 1949. Meine Lehrerausbildung machte ich in Schwäbisch Gmünd. Im Mai 1951 legte ich die 1. Dienstprüfung für das Lehramt an Volksschulen ab. Nach Tätigkeit an verschiedenen Einklassenschulen wurde ich 1954 nach Steinheim versetzt. In Steinheim wirkte ich bis zu meinem Ruhestand 33 Jahre als Lehrer. Nebenberuflich war ich 30 Jahre als Chorleiter tätig (Gesangverein Eintracht Sontheim, Liederkranz Bartholomä, evangelischer Begräbnischor Steinheim). In der evangelischen Kirchengemeinde übte ich viele Jahre das Amt eines Kirchengemeinderats aus, und für die beiden Heidenheimer Tageszeitungen war ich als »Wetterfrosch« in der Wetterbeobachtung tätig. Ich bin verheiratet und habe zwei Kinder.

Weitere Autoren

Maria Bahmer 1927-2012

Maria Bahmer ist in Palanka/Batschka (ehem. Jugoslawien) geboren. 1944 wurde sie mit ihrer Mutter von Partisanen vom Hof vertrieben. Der Vater war schon vorher zur Zwangsarbeit in ein Kohlebergwerk verschleppt worden. Im November 1946 wurde sie über Ungarn nach Österreich abgeschoben und kam von Österreich in das Übergangslager nach Dachau. In Dachau bekam sie eine Zuzugsgenehmigung nach Söhnstetten. Sie arbeitete als Näherin. Als 1950 ihr Verlobter aus der Gefangenschaft kam, heiratete sie. 1953 baute das Ehepaar für die Familie in Söhnstetten ein Haus. Ihre Erlebnisse hat Maria Bahmer in dem Beitrag »Glückliche Kindheit in Palanka/Batschka an der Donau« aufgeschrieben. Er wurde in dem Buch *Es gibt nicht mehr so viele aus meiner Generation...*, herausgegeben von der Seniorengemeinschaft Heidenheim, veröffentlicht.

Albrecht Briz geb.1954

Der Künstler Albrecht Briz wurde 1954 in Steinheim geboren. In den Jahren von 1976 bis 1981 studierte Albrecht Briz Malerei an der Hochschule der Künste (HdK, heute UdK) in Berlin.
Bei zahlreichen Einzel- und Gemeinschaftsausstellungen in Ostwürttemberg, in Baden-Württemberg, in Deutschland und in vielen weiteren europäischen Ländern zeigte der Künstler seine Werke.
Albrecht Briz, der in Steinheim lebt und wirkt, ist kein Autor, hat aber als Steinheimer Künstler drei Lyrikbände von Ingeborg Bachmann illustriert.

Ferdinand Fastner geb.1931

Ferdinand Fastner ist 1931 in Kaltenbach im Böhmerwald geboren. Im Sommer 1946 wurde seine Familie aus der Heimat vertrieben und im Allgäu eingewiesen. In diesen schlechten Jahren musste er bei Bauern

arbeiten. Endlich, 1949, konnte er eine Lehre als Zimmermann und Treppenbauer beginnen, die er 1951 erfolgreich abschloss. In seinem Beruf arbeitete er bis 1955. Anschließend begann er in Frankfurt das Studium zum Bauingenieur. Die Abschlussprüfung bestand er 1959. Seit 1959 wohnt er mit seiner Familie in Steinheim. Die ersten Jahre arbeitete Ferdinand Fastner als Angestellter in einem Architekturbüro. Seit 1970 ist er selbständiger Architekt in Steinheim.
Seine Erlebnisse schilderte er in dem Beitrag »Mein Leben«, ebenfalls abgedruckt in *Es gibt nicht mehr so viele aus meiner Generation...*, herausgegeben von der Seniorengemeinschaft Heidenheim

Heinz Krause 1918-1997

Heinz Krause ist 1918 in Sebnitz geboren. Nach dem Abitur wurde er Offizier. Diese Laufbahn beendete er 1945 als Major i.G. in der amerikanischen Gefangenschaft. 1946 kam er nach Heidenheim Eine doppelte Ausbildung – Lehre als Schreiner und Lehre als Kaufmann – schuf die gute Voraussetzung, sich 1963 selbständig zu machen. Er gründete in Steinheim das Möbelhaus Ostalb, das er nahezu 30 Jahre leitete.
Für besondere Verdienste erhielt er 1982 das Bundesverdienstkreuz. In seiner Freizeit diente er der Allgemeinheit: Gemeinderat, Handballer, Reiter, Gründer des Heimatvereins und Helfer bei der Erweiterung der Heimatstuben.
Zu dem Buch *Es war wie Feuer vom Himmel* hat Heinz Krause den Beitrag »War es Befreiung?« beigesteuert. (Heidenheimer Verlagsanstalt)
Heinz Krause war auch Schriftleiter der Kameradenzeitung seiner ehemaligen Einheit.

Klaus-Peter Höppner (Dieter Eisele)

Klaus Peter Höppner ist 1938 in der Bergbaustadt Zwickau geboren und dort ab 1944 zur Schule gegangen. Im Mai 1958 gelang ihm und der Familie über Ost- und Westberlin die Flucht aus der damaligen DDR. Nach kurzen Zwischenaufenthalten in Frankfurt und Gießen kam er nach Tübingen, um dort das Abitur nachzumachen. Bei einem Schullandheimaufenthalt in Südtirol lernte er seine aus Steinheim stammende Frau kennen, die er 1963 heiratete.
Er studierte am Pädagogischen Institut in Schwäbisch Gmünd für das Lehramt. Nach verschiedenen Anstellungen wurde er 1966 an die Steinheimer Hillerschule versetzt und wirkte dort 30 Jahre lang bis zu seiner Pensionierung.

An dem von der Heidenheimer Seniorenakademie herausgegebenen Buch *1944-1955 ... und trotzdem weiter, Kriegsende bis Wirtschaftswunder, Rückblicke von Heidenheimern und Rei´gschmeckten* war auch Klaus-Peter Höppner beteiligt. In seinem Beitrag »Wie ich als einer vom Jahrgang 1938, bis 1958 in der DDR lebend – die Zeit vom Kriegsende bis zum Wirtschaftswunder erlebte ...« beschreibt er lebendig und anschaulich sein Leben, seine Erfahrungen und Empfindungen in dieser Zeit.

Albrecht Ritz 1878-1965

Albrecht Ritz ist ein Mann, der es verdient hätte, dass man ihm ein eigenes Bändchen widmen würde. Er ist kein Steinheimer und hat nie in Steinheim gewohnt. Trotzdem hat er sich mit seinen Forschungen um Steinheim verdient gemacht.

Albrecht Ritz wurde in Nattheim geboren. Seine Eltern betrieben ein kleine Landwirtschaft. Der Vater verdiente zusätzliches Einkommen als Leinenweber und Bohnerzbergmann.
Der Dorfpfarrer erkannte früh Albrechts Begabungen und Fähigkeiten und sorgte dafür, dass Albrecht zur Lehrerausbildung nach Nagold kam. Erste Anstellungen fand er als Hauslehrer bei adeligen Familien. Seine erste Dienststelle im Schuldienst des Königreiches Württemberg war Böh-

ringen bei Urach. Nach weiteren Dienstellen kam er nach Ludwigsburg. Schon in Böhringen begann er mit heimatgeschichtlichen Forschungen. Für mehrere Orte verfasste er während seiner Dienstzeit Ortschroniken. Als der beliebte Lehrer nach dem 2. Weltkrieg mit 71 Jahren in den Ruhestand trat, zog er wieder nach Nattheim. Im Ruhestand schrieb er Chroniken für Nattheim mit Oggenhausen, Herbrechtingen und Steinheim. Leider wurde seine Steinheimer Ortsgeschichte nie als Buch veröffentlicht. Für das umfangreiche Werk wären die Druckkosten zu hoch gewesen. Teile seiner Forschungen wurden im *Steinheimer Boten* veröffentlicht. Albert Ritz war meistens zu Fuß unterwegs. Als er zu Fuß mit einem Rucksack voller Bücher von der Bücherei in Heidenheim nach Nattheim zurückkehrte, wurde er von einem Auto angefahren und verstarb im Januar 1965 an den Folgen dieses Unfalls im Krankenhaus in Heidenheim.

Der bekannte Heimatforscher und Rektor Paul Wiedenmann schrieb über ihn: »Ich habe in meinem ganzen Leben keinen Menschen von solchem Fleiß, von solcher Arbeitsfreude, Genügsamkeit und Bescheidenheit kennen gelernt wie Albrecht Ritz.«

Am Buch beteiligte Autoren

Eberhard Stabenow, Dieter Eisele

Dieter Eisele
1938 geboren und aufgewachsen in Balingen/Württ. Sechsjährige Ausbildung im geh. Verwaltungsdienst (Diplom-Verwaltungswirt (FH)). 1961 bis 1964 Stv. Stadtkämmerer in Korntal. 1964 jüngster Bürgermeister des Landes in Oberrot im damaligen Kreis Backnang. 1972 Wahl zum Bürgermeister in Steinheim. Wiederwahlen 1980, 1988 und 1996. Seit 2002 im Ruhestand.
Dieter Eisele verfasste die Biografien über R. Weit, A. Pfaff, M. Tobler, M. Welsch, E. Kieffer, Karl Sanwald, K.-P. Höppner sowie W. Reiff und E. Heizmann. Noch während seiner Zeit als Bürgermeister veröffentlichte er, unter der wertvollen Mitwirkung von Eberhard Stabenow, der recherchierte, fotografierte sowie Zeichnungen und Grafiken erstellte, die Bücher:

- Steinheim am Albuch mit seinen Teilorten wie's früher war – Fotografische Erinnerungen, Geiger-Verlag, Horb am Neckar 1988
- Steinheim am Albuch – Liebenswerte Gemeinde auf der Ostalb, Geiger-Verlag, Horb am Neckar 1993
- Söhnstetten im Wandel der Zeit, Geiger-Verlag, Horb am Neckar 1993, Hg.: Gemeinde Steinheim am Albuch, anläßlich der Festtage zur ersten namentlichen Nennung des Ortes vor 850 Jahren

Eberhard Stabenow (Jahrg. 1922), war Ingenieur beim Vermessungsamt Heidenheim. Er engagierte sich in seinem Ruhestand unermüdlich in ehrenamtlicher Weise in Steinheim für gemeindliche »Spezialaufgaben«. Für seine Verdienste wurde er mit der Steinheimer Ehrennadel ausgezeichnet.

Adalbert Feiler
Adalbert Feiler wurde 1935 in Itzelberg bei Königsbronn geboren. Seine Vorfahren waren Silberschmiede im Raum Pforzheim und Eisengießer im Kocher- und Brenztal. In Mergelstetten ist er mit fünf Geschwistern aufgewachsen, dort besuchte er auch die Grundschule. Nach Kriegsende war er sechs Jahre an der Waldorfschule in Heidenheim.
Nach einer Lehre als Gärtner absolvierte er noch eine gründliche Lehrausbildung zum Großhandelskaufmann für technische Gummiwaren, Werkzeuge, Maschinen und Autorzubehör. Nach der Rückkehr von einem vierteljährigen Englandaufenthalt, war er als Abteilungsleiter tätig. Es folgten 12 Jahre in der Angebotskalkulation für Großmaschinen bei der Firma Voith. Im Anschluss daran übernahm er für zehn Jahre die verantwortungsvolle Aufgabe des Geschäftsführers der Waldorfschule Heidenheim. In dieser Stellung sicherte er auch die Finanzierung des Neubaus der Schule. Danach wechselte Feiler noch einmal in die Großindustrie, dort war er für internationale Haftungs- und Versicherungsfragen zuständig.
Seine Liebe zur Musik – er erhielt schon im Alter von 9 Jahren Geigen- und später Bratschenunterricht – währt bis heute. Er spielte in verschiedenen Orchestern, und in Streicher-Ensembles spielt er noch heute.
Kanusport und Wandern sowie Reisen, verbunden mit archäologischen Interessen, im Mittelmeerraum sowie im Nahen und Fernen Osten waren Bestandteil seiner Freizeitgestaltung.
Einen umfangreichen Teil seiner Freizeit brachte er jedoch in ehrenamtliche Tätigkeiten in Vereinen und Stiftungen ein.
Seit 1985 ist Adalbert Feiler auch schriftstellerisch tätig. Er betreibt Religionsstudien oder auch Studien zur Finanzierung von kulturellen Initiativen, wie zum Beispiel Laienorchestern. Er veröffentlicht Beiträge zur Heimat- und Zeitgeschichte mit Schwerpunkt Steinheimer Becken.

Dieter Gräf
Dieter Gräf, geb. 1944, studierte nach einer Lehre als Chemielaborant an der Fachhochschule Isny mit dem Abschluss Dipl.-Ing. (FH). Es folgten praktische Tätigkeiten. Ein zweites Studium im Fach Chemie an der Uni Tübingen beendet er 1975 mit der Promotion zum Dr. rer.nat. erfolgreich. Es folgen Industrietätigkeiten. 1977 tritt Gräf in den Berufsschuldienst in Baden-Württemberg ein. Er veröffentlicht fachdidaktische und geowissenschaftliche Arbeiten. Seine Interessen gelten der Natur, der

Philosophie, der Geschichte und den Geowissenschaften. Er engagiert sich in verschiedenen Vereinen und ist Präsident der VFMG (Vereinigung der Freunde der Mineralogie und Geologie).

Ulrich Hermann
Ulrich Hermann wurde 1936 in Karlsruhe geboren. Er ist mit einer Tochter von Otto Müller (s. S. 115) verheiratet. Hermann war im Dienst der Evangelischen Landeskirche in Württemberg als Diakon tätig. Seit 1999 ist er im Ruhestand. In seiner Freizeit beschäftigt er sich mit Familienforschung.

Florian Jessensky
Florian Jessensky wurde 1982 in Göttingen geboren. Nach dem Abitur studierte er Geschichte und Politikwissenschaften. Seit 2013 arbeitet er als Wissenschaftlicher Mitarbeiter an der Georg-August-Universität Göttingen. Hier forscht und lehrt er am Lehrstuhl für Europäische Kultur- und Zeitgeschichte des Seminars für Mittlere und Neuere Geschichte. Sein Arbeitsschwerpunkt ist die Geschichte der Bundesrepublik Deutschland. Derzeit arbeitet er an seiner Promotion über Strafverteidiger in Gerichtsverfahren gegen Mitglieder der Roten Armee Fraktion. Florian Jessensky ist der Enkel von Adalbert Feiler.

Martin Kreder (autobiografischer Text)
1951 wurde ich in Stuttgart geboren. Nach meiner Ausbildung zum Schriftsetzer musste ich in München Wehrdienst leisten. 1982 legte ich die Meisterprüfung an der Johannes-Gutenberg-Schule in Stuttgart ab. In den folgenden Jahren, bis 1991, war ich Verlagskalkulator. Schon während meiner beruflichen Tätigkeit beschäftigte ich mich seit 1985 mit genealogischen Forschungen. Seit 1987 bin ich Berufsgenealoge und befasse mich mit der Familienkunde, wobei mir eine Ausbildung im grafischen Gewerbe beim Lesen alter Schriften und bei der Gestaltung der historischen Arbeiten immer sehr hilfreich war und ist. Im Laufe der Jahre konnte ich viel Erfahrung in der Aufarbeitung familienkundlicher Arbeiten sammeln und habe unter anderem verschiedene historische Artikel, Reiseberichte, Pilgerführer und Buchbesprechungen in der Presse verfasst.

Werner K. Mayer
Jahrgang 1943, Betriebswirt (VWA, Geschäftsführer; zahlreiche Veröffentlichungen zur regionalen Geologie und Heimatforschung

Max Riehle
Bei seiner Verabschiedung in den Ruhestand hat Forstdirektor Max Riehle seinen persönlichen und seinen beruflichen Lebensweg skizziert. Hier ist eine Kurzfassung dieser Ansprache:

Geboren wurde ich 1936 in Weil der Stadt im Heckengäu. Dort wuchs ich auch auf. Meine Eltern betrieben eine Landwirtschaft, ergänzt durch Hopfenanbau, Pferdezucht und Schnapsbrennerei. 1944 starb mein Vater. Im März 1945 ging unser Hof bei einem Fliegerangriff großteils in Flammen auf. Zuerst versuchte unsere Mutter – ich hatte noch einen jüngeren Bruder – den Hof alleine zu führen. Später unterstützte sie ein Bruder meines Vaters. Ständige Mitarbeit im elterlichen Betrieb bis zur Beendigung des Studiums war für mich zwingend.
Ab 1942 besuchte ich vier Jahre die Volksschule, anschließend sechs Jahre das Progymnasium. Die letzten drei Jahre Oberschule war ich Fahrschüler nach Stuttgart. Dort legte ich im Schuljahr 1954/55 am Wagenburg-Gymnasium das Abitur ab.
Mein Berufswunsch war Forstmann im »höheren Forstfach«. Nach dem Abitur 1955 bewarb ich mich und musste drei Wochen einen Auswahllehrgang besuchen.
Ich wurde angenommen. Das machte mich glücklich. Von 1955 bis 1959 studierte ich in Freiburg, lediglich durch ein fünfmonatiges Praktikum in Schweden unterbrochen. Praktika in verschiedenen Forstämtern, u.a. in Gschwend, gehörten zur Ausbildung. Das Studium endete 1959 mit der Diplomprüfung.
Im Referendariat kam ich an verschiedenen Forstämtern im ganzen Ländle herum. 1962 folgte das Staatsexamen. Schule, Studium und Referendariat waren in kürzester Zeit durchlaufen. Der Wald lockte! Aber ich landete im Innendienst!

Nach einem Jahr der theoretischen Vorbereitung an der Forstlichen Versuchsanstalt in Freiburg und einem weiteren Erprobungsjahr in Königsbronn und an der Waldarbeitsschule Itzelberg folgten ab 1964 sieben Jahre an der Zentrale, der Forstdirektion Stuttgart. Hier galt es, die forsttechnische Betriebstechnik auf rund 300 000 Hektar Wald aller Besitzarten zu gestalten und optimal zu lenken. Es war hochinteressant, den ganzen Direktionsbereich, Land und Leute, Geschichte und Wirtschaft in ihren Vernetzungen kennen zu lernen. Trotzdem strebte ich die Leitung

eines eigenen Forstamtes an. 1971 war es dann so weit. Zum Forstamt Steinheim kam dann noch der spätere Hauptstützpunkt Bartholomä mit steigenden Ausbildungsaufgaben.
Laufende Neuerungen, Organisationsänderungen und Umstellungen erzwangen ständige Anpassungen. Naturkatastrophen und Konjunkturbewegungen störten zusätzlich.
Die gleichzeitige Aufgabe, als Kreisbeauftragter für Naturschutz die Belange von Umwelt und Naturschutz zu wahren, machte die Arbeit nicht einfacher.
Zusammengefasst – es war eine arbeitsreiche, aber interessante Zeit.
Als 16. Leiter des Forstamtes Steinheim übergebe ich nach 30 Jahren zum 1. November 2001 das Amt und eine Mannschaft, auf die man stolz sein kann, an meine Nachfolgerin Frau Dr. Freist-Dorr.
Seit 1962 bin ich verheiratet. Steinheim wurde 1971 unser Wohnsitz. Den Ruhestand verbringe ich gemeinsam mit meiner Frau in Steinheim. Ein erheblicher Teil der Freizeit gehört der großen Familie.
Öfter wurde ich aufgefordert, Beiträge zu botanischen, ornithologischen und forstgeschichtlichen Themen für Fachzeitungen zu schreiben. Gerne habe ich zu dem Buch *Das Wental. Eine schützenswerte naturnahe Landschaft in Ostwürttemberg* meinen Beitrag geleistet. Im Ruhestand schreibe ich gelegentlich noch zu diesen Themen.

Walter Starzmann
1939 Geburt in Deizisau
1945-1953 Volksschule Deizisau
1953-1954 Mitarbeit in der elterlichen Landwirtschaft
1954-1958 Lehre als Werkzeugmacher in Esslingen
anschließend Berufstätigkeit als Werkzeugmacher bis 1964
ab 1956 Mitarbeit im CVJM Deizisau
1959 Umzug der Bauernfamilie nach Söhnstetten
ab 1960 verantwortliche Mitarbeit in der Evangelischen Jugend Söhnstetten und im Evangelischen Jungmännerwerk Bezirk Heidenheim
1964-1967 Theologische Ausbildung an der Evangelistenschule Wuppertal-Barmen
1967-1972 Bezirksjugendreferent im Kirchenbezirk Neuenstadt/Kocher
1969 Heirat mit Traute Röhm
Drei Kinder: 1970 Inge, 1972 Jürgen, 1978 Andreas
1972-1981 Bezirksjugendreferent im Kirchenbezirk Balingen,

Vorsitzender des Kreisjugendrings Zollernalb
1978 Prüfung zum staatlich anerkannten Erzieher
1981-1988 Pfarrverweser, Pfarrer in Giengen-Hürben
1983 Zweites Examen zum Pfarrdienst
1988-2001 Pfarrer in Geislingen-Eybach und Geislingen-Stötten
2002 emeritiert, Wohnung: Söhnstetten
2010 Ausbildung zum Alb-Guide Östliche Alb

Walter Starzmann ist ein engagierter Familienforscher. Hier hat er zahlreiche Publikationen vorgelegt. Für die Dörfer, an denen er als Pfarrer tätig war, veröffentlichte er heimatgeschichtliche Beiträge und arbeitete die Kirchenbücher auf. Er betreute die Pfarrarchive und sicherte Dokumente dieser Archive durch Fotodokumentation. Zahlreiche Manuskripte liegen noch unveröffentlicht vor. In Vorträgen zu verschiedenen Wissensgebieten gab er zusätzlich Forschungsergebnisse weiter.

Christiane Vonhoff
Christiane Vonhoff studierte in Freiburg Germanistik und Geschichte für das Lehramt. Seit 1983 unterrichtet sie an der Evangelischen Fachschule für Sozialpädagogik in Herbrechtingen. Zusammen mit ihrem Vater Heinz Vonhoff hat sie die Bücher *Im Hof stand ein Kastanienbaum* (1982) und *Bäume im Wind* (1984) herausgegeben. Für die Sammelbände *Im Gitter grüner Zweige* (1986) und *Schmunzeln und Lachen und andere Sachen* (1988) war sie Allein-Herausgeberin. Alle Bände sind im Friedrich Bahn Verlag in Konstanz erschienen.

Dietrich Vonhoff
Dietrich Vonhoff hat nach einem Ingenieurstudium an der Fachhochschule Aalen die berufliche Laufbahn in der Arbeit mit Menschen mit Behinderungen begonnen. Seit 2006 ist er Geschäftsführer der Theo-Lorch-Werkstätten GmbH. Die Theo-Lorch-Werkstätten betreiben im Landkreis Ludwigsburg Werkstätten für Menschen mit Behinderungen.

Bildnachweis

Der Umschlag zeigt auf der Vorderseite den Buchrücken einer Ausgabe von Hillers Liederkästlein (ohne Jahresangabe); Lesezeichen und hintere Umschlagklappe wurden unter Verwendung einer Fotografie von Sofonias Theuß gestaltet.

Im Hauptstaatsarchiv Stuttgart wird unter Q1/12 der Nachlass von Friedrich von Payer (1847-1931) verwahrt. Darin ist ein Porträt von Friedrich Heinrich Kern aus dem Jahr 1842 enthalten, abgebildet auf Seite 30. Im Internet ist dieses Bild einzusehen (http://www.leo-bw.de/media/ubt_portraits/current/delivered/images/22/53272.jpg).

Das Portraitfoto von Dr. Heizmann auf Seite 50 stellte dankenswerterweise das Staatliche Museum für Naturkunde Stuttgart zur Verfügung (Copyright Staatliches Museum für Naturkunde Stuttgart, Foto R. Harling).

Alle übrigen abgebildeten Bücher, Fotos, Zeichnungen etc. stammen aus den Beständen des Schriftgut-Archivs Ostwürttemberg oder wurden von den Autoren der jeweiligen Beiträge zur Verfügung gestellt.

Allen Inhabern von Urheberrechten oder Rechteverwaltern ist für die Erlaubnis zur Wiedergabe von Zitaten und Bildern zu danken. Nicht in allen Fällen ließen sich die Rechtsinhaber ermitteln. Berechtigte Ansprüche werden gegen entsprechenden Beleg nachträglich geregelt.

Dank

Die Publikation wurde finanziell unterstützt durch

Hanns Voith-Stiftung
Gemeinde Steinheim
Heimatverein Steinheim
Kieffer Gebäudereinigung GmbH
Franz Schuck GmbH
Raiffeisenbank Steinheim eG
Gustav Wager GmbH & Co. KG
Wolfgang Mack Holzblasinstumentenbau

Ausdrücklich dankt die Stiftung Literaturforschung in Ostwürttemberg an dieser Stelle wieder der Autorin und den Autoren für die ehrenamtliche Mitarbeit. Herzlichen Dank verdient auch Christine Höfling für die geduldige Durchsicht der Korrekturfahnen.

Reiner Wieland (1. Vorstand)

stiftung literaturforschung in ostwürttemberg

Bücher der Reihe
Unterm Stein. Lauterner Schriften
sind über den Buchhandel zu beziehen

oder direkt bei der
Stiftung Literaturforschung in Ostwürttemberg
Unterm Stein 13
73540 Heubach-Lautern

Unterm Stein. Lauterner Schriften, Bd. 1
Susanne Lange-Greve,
Leben an Grenzen. Josef
Mühlberger 1903–1985
Einhorn-Verlag+Druck GmbH,
Schwäbisch Gmünd 2003,
ISBN 978-3-927654-97-6

Unterm Stein. Lauterner Schriften, Bd. 2
Susanne Lange-Greve,
Wundersamer blauer Spiegel.
Wilhelm Schussen 1874–1956
Einhorn-Verlag+Druck GmbH,
Schwäbisch Gmünd 2004,
ISBN 978-3-936373-09-7

Unterm Stein. Lauterner Schriften, Bd. 3
Besuch bei Kafka. Texte von Josef Mühlberger
zu Franz Kafka 1928–1978
Ausgewählt und eingeleitet von
Susanne Lange-Greve
Einhorn-Verlag+Druck GmbH,
Schwäbisch Gmünd 2005,
ISBN 978-3-936373-06-6

Unterm Stein. Lauterner Schriften, Bd. 4
Hans König, Literarische Vielfalt.
Gschwender Autoren. 26 Lebensbilder
Einhorn-Verlag+Druck GmbH,
Schwäbisch Gmünd 2005,
ISBN 978-3-936373-07-3

Unterm Stein. Lauterner Schriften, Bd. 5
Susanne Lange-Greve, Wintersaat.
Josef Mühlberger als Übersetzer.
Ein Einblick in den Nachlaß
Einhorn-Verlag+Druck GmbH,
Schwäbisch Gmünd 2006,
ISBN 978-3-936373-05-9

Unterm Stein. Lauterner Schriften, Bd. 6
Heidrun Brückner, Uwe Dubielzig,
Konrad Plieninger,
Weite Horizonte.
Hermann Weller 1878–1956
Einhorn-Verlag+Druck GmbH,
Schwäbisch Gmünd 2006,
ISBN 978-3-936373-04-2

Unterm Stein. Lauterner Schriften, Bd. 7
Susanne Lange-Greve,
Schreiblandschaften. Hans Eisele 1876–1957.
Journalist Diplomat Schriftsteller
Einhorn-Verlag+Druck GmbH,
Schwäbisch Gmünd 2007,
ISBN 978-3-936373-01-1

Unterm Stein. Lauterner Schriften, Bd. 8
Michael Mildenberger, Seelensprachen.
Karl Schmidlin 1805–1847.
Ein schwäbischer Pfarrer und Dichter
Einhorn-Verlag+Druck GmbH,
Schwäbisch Gmünd 2007,
ISBN 978-3-936373-38-7

Unterm Stein. Lauterner Schriften, Bd. 9
Literarische Vielfalt in Ostwürttemberg.
Frauen greifen zur Feder. I
Einhorn-Verlag+Druck GmbH,
Schwäbisch Gmünd 2008,
ISBN 978-3-936373-39-4

Unterm Stein. Lauterner Schriften, Bd. 10
Susanne Lange-Greve, Unsichtbare Fäden.
Lise Gast 1908–1988
Einhorn-Verlag+Druck GmbH,
Schwäbisch Gmünd 2008,
ISBN 978-3-936373-00-4

Unterm Stein. Lauterner Schriften, Bd. 11
Literarische Vielfalt in Ostwürttemberg.
Frauen greifen zur Feder. II
Einhorn-Verlag+Druck GmbH,
Schwäbisch Gmünd 2008,
ISBN 978-3-936373-45-5

Unterm Stein. Lauterner Schriften, Bd.12
Werner K. Mayer,
Franz Theodor Wolf 1841–1924.
Jesuit und Naturforscher
Einhorn-Verlag+Druck GmbH,
Schwäbisch Gmünd 2009,
ISBN 978-3-936373-53-0

Unterm Stein. Lauterner Schriften, Bd.13
Josef Mühlberger, Auf gelbe Blätter
geschrieben. Erzählungen aus dem Nachlass
Einhorn-Verlag+Druck GmbH,
Schwäbisch Gmünd 2009,
ISBN 978-3-936373-52-3

Unterm Stein. Lauterner Schriften, Bd.14
Literarische Vielfalt in Ostwürttemberg.
Heimatforscher aus dem Raum Schwäbisch Gmünd
Einhorn-Verlag+Druck GmbH,
Schwäbisch Gmünd 2009,
ISBN 978-3-936373-50-9

Unterm Stein. Lauterner Schriften, Bd.15
Literarische Vielfalt in Ostwürttemberg.
Spraitbacher Autoren
Einhorn-Verlag+Druck GmbH,
Schwäbisch Gmünd 2009,
ISBN 978-3-936373-56-1

Unterm Stein. Lauterner Schriften, Bd.16
Literarische Vielfalt in Ostwürttemberg.
Heimatforscher aus dem Raum Aalen
Einhorn-Verlag+Druck GmbH,
Schwäbisch Gmünd 2010,
ISBN 978-3-936373-51-6

Unterm Stein. Lauterner Schriften, Bd.17
Literarische Vielfalt in Ostwürttemberg.
Wallfahrtsliteratur in Ostwürttemberg
Einhorn-Verlag+Druck GmbH,
Schwäbisch Gmünd 2013,
ISBN 978-3-936373-86-8

Unterm Stein. Lauterner Schriften, Bd.18
Yvonne Pagniez 1896–1981.
1945: vom Gefängnis zur Freiheit
Einhorn-Verlag+Druck GmbH,
Schwäbisch Gmünd 2013,
ISBN 978-3-936373-97-4

Unterm Stein. Lauterner Schriften, Bd. 19
Susanne Lange-Greve, An der Grenze der
Philosophie. Heinrich Maier 1867–1933
Einhorn-Verlag+Druck GmbH,
Schwäbisch Gmünd 2014,
ISBN 978-3-95747-016-4